新津春子。世界一のおそうじマイスター！

若月としこ［著］

岩崎書店

東京予選大会《とうきょうよせんたいかい》を通過《つうか》した春子《はるこ》さんは、1997年10月「ビルクリーニング技能《ぎのう》競技会《きょうぎかい》」全国大会に出場《しゅつじょう》した。

全国大会でみごと優勝《ゆうしょう》。表彰式後《ひょうしょうしきご》にインタビューを受ける春子さん。27歳《さい》という最年少での優勝は注目《ちゅうもく》を集めた。

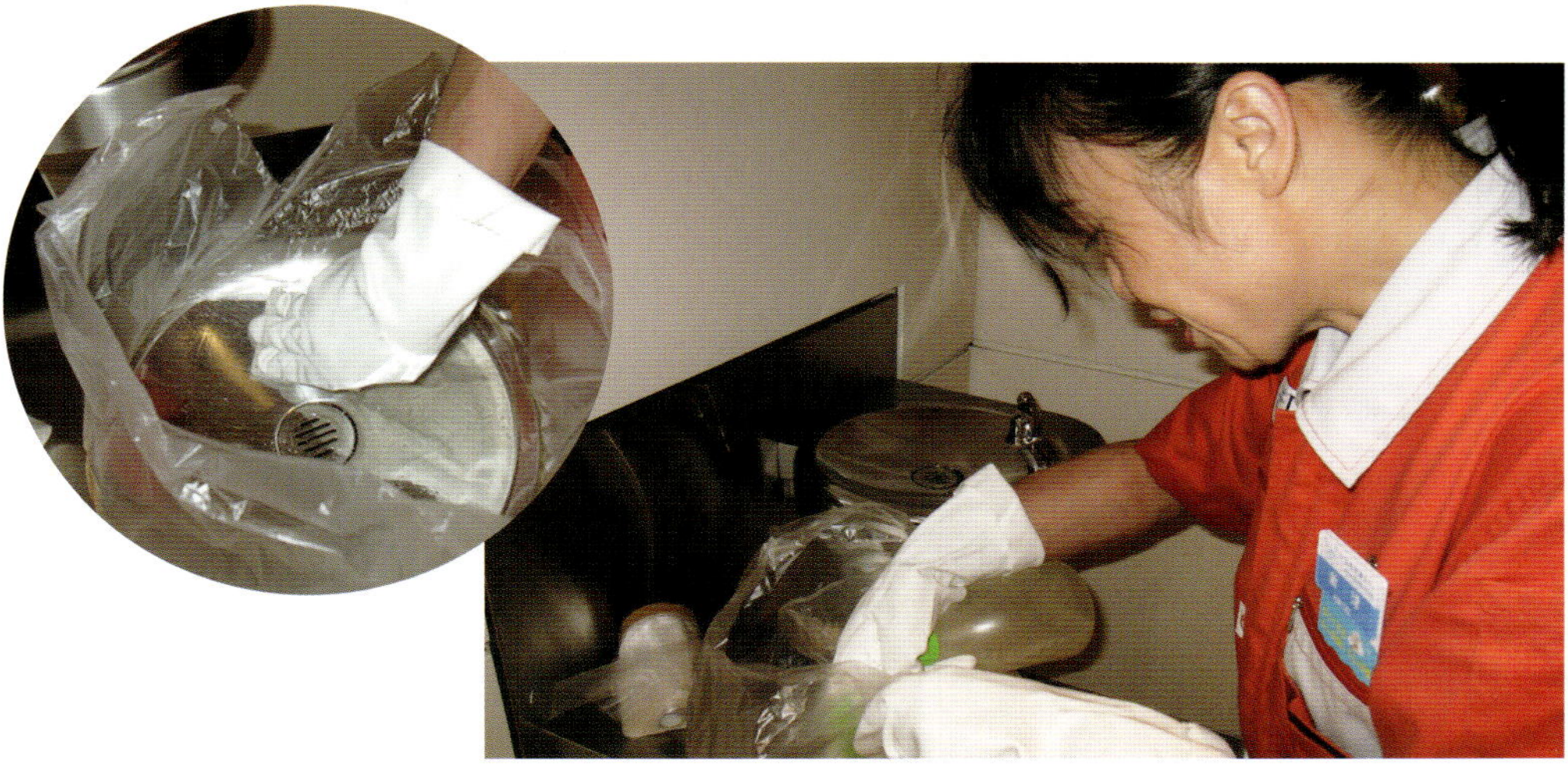

冷水機《れいすいき》のステンレスボールに
ついた油《あぶら》よごれを、きれいに
取り去る作業。

春子《はるこ》さんをはじめ、たくさんの
清掃《せいそう》スタッフが心をこめて、広
い空港《くうこう》の清掃を担当《たんとう》している。

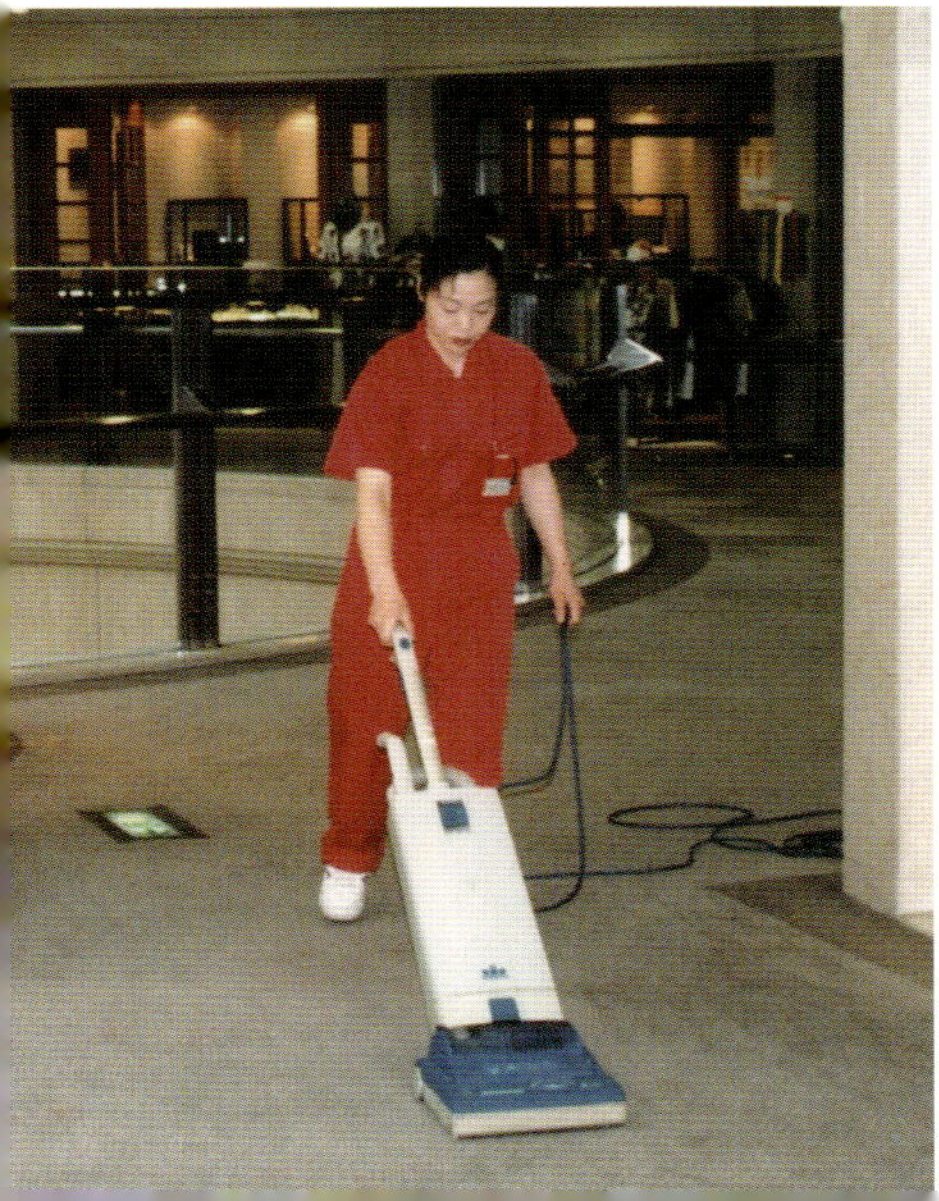

清掃の技術《ぎじゅつ》や心得《こころえ》を伝え教えていくこ
とも、春子さんの大事《だいじ》な仕事のひとつ。

「清掃《せいそう》の神様《かみさま》」とよばれた鈴《すず》木《き》優《まさる》先生と、社員旅行でのツーショット。鈴木先生は、春子《はるこ》さんに清掃の世界の奥深《おくぶか》さに気づかせてくれた恩師《おんし》。

職業訓練校《しょくぎょうくんれんこう》時代のもうひとりの恩師、大《おお》嶋洋司《しまようじ》先生と。大嶋先生の「定年《ていねん》を祝《いわ》う会」での ひとこま。

新津春子。世界一のおそうじマイスター！

若月としこ［著］

もくじ

CLEANING MEISTER

はじめに

みなさん、おそうじは好きですか?

——あまり好きじゃない——という人が多いかもしれませんね。

では、よごれたところは平気《へいき》ですか?

……やっぱり、きれいなほうがいいですよね。

おそうじのことを、「清掃《せいそう》」と言いますが、その清掃のプロフェッショナルに、新津春子《にいつはるこ》さんという人がいます。ビルクリーニング技能競技会《ぎのうきょうぎかい》という、清掃技術《ぎじゅつ》を競《きそ》う全国大会で、日本一（労働大臣賞《ろうどうだいじんしょう》）に輝《かがや》いた清掃のプロです。

新津春子さんは、東京国際空港《とうきょうこくさいくうこう》（羽田空港《はねだくうこう》）の清掃チーム五〇〇人を率《ひき》いるリーダーのひとりです。羽田空港は、二年連続で「五つ星」の最高評価《さいこうひょうか》を得《え》た空港で、清潔《せいけつ》さの評価部門《ひょうかぶもん》でも、世界一に選ばれてきました。そのかげには、清潔を保《たも》ち続ける清掃《せいそう》チームの存在《そんざい》がありました。

ちょっと想像してみてください。

――第一、第二、国際線の三つのターミナルをもつ羽田空港《はねだくうこう》は、日本一広い空の玄関《げんかん》です。その中では、三万人もの従業員《じゅうぎょういん》がいそがしく働《はたら》き、毎日二〇万人もの利用客《りようきゃく》をむかえます。二三万人が歩き、食事をし、トイレを使い、手を洗《あら》い、うがいをするのです。ときには、食べこぼしたお菓子《かし》のカケラが椅子《いす》をよごすでしょうし、紙ゴミがフロアに散乱《さんらん》するかもしれません――。

ところが、羽田には、いつも気もちのいい「きれい」が続いています。これは、清掃チームの努力のたまものと言えるのです。

春子《はるこ》さんは、『気づくこと』と『心をこめること』というふたつのことを、清掃のもっとも大切なことだと考えています。

『気づくこと』とは、どんなよごれがあるか、必要なことは何か、ということを、いち早く感じとる心です。

『心をこめる』とは、よごれに向きあうときの、心がまえのことです。使う人に対しても、その場所に対しても、よごれを落とす道具に対しても、やさしい気もちを忘《わす》れずに清掃《せいそう》する、ということなのです。

「きれいに清掃することが、一番のおもてなし」と言う春子《はるこ》さんは、特別な清掃を手がける機動班《きどうはん》のメンバーでもあります。清掃チームがてこずるような頑固《がんこ》なよごれこそ、春子さんの出番《でばん》です。連絡《れんらく》が入れば、洗剤《せんざい》片手に空港中《くうこうじゅう》を走り回ります。そして、ワクワクしながらよごれに挑戦《ちょうせん》し、ピカピカにみがきあげるのです。世界一美しい空港をささえる清掃チームのだれもが、そんな春子さんに一目《いちもく》置いています。

『世界一美しい空港の、世界一のおそうじマイスター』。

マイスターとは、名人《めいじん》とか師匠《ししょう》という意味ですが、わたしは、春子さんをそのように考えているのです。

2015年、羽田空港《はねだくうこう》は2年連続で「五つ星」を獲得《かくとく》。清潔《せいけつ》さや快適《かいてき》さの評価部門《ひょうかぶもん》でも、2013・2014・2016年に世界1位の評価を得《え》た。

羽田《はねだ》空港に行ってみてください。

赤いカー・レーサーのようなユニフォームに身をかため、清掃《せいそう》グッズを入れた黒いウエストポーチをつけて、「気づきの心」全開で見回っている春子《はるこ》さんに会えるかもしれませんよ。見かけたら、ぜひ、声をかけてください。ほがらかな笑顔《えがお》でむかえてくれるはずです。

この本は、そんな春子さんが取材《しゅざい》の中で、わたしにやさしく笑《わら》いながら、ときに強いまなざしを向けながら語ってくれたことや、そのときの様子《ようす》をまとめたものです。

では、新津春子《にいつはるこ》さんに、ご登場願《とうじょうねが》いましょう。

1. 羽田空港《はねだくうこう》で

最初の待ち合わせは、羽田空港《はねだくうこう》第一ターミナルでした。

南ウィングの端《はし》のほうに、赤いユニフォーム姿《すがた》の小柄《こがら》な女性が立っています。

「新津春子《にいつはるこ》さんですか？」

「はい、そうです。新津です。こんにちは。はじめまして」

ちょっとはずかしげな、けれどとても明るい笑顔《えがお》です。そのおかげでしょうか、初めて会うのに、ごく自然に、わたしたちは肩《かた》をならべて歩き出していました。

「本になるなんて、びっくりです。しかも、小学生から読める本だなんて……。清掃《せいそう》のこと、小学生のみなさんにわかってもらえるんでしょうか。だって、派手《はで》な仕事ではないし……。なんて言ったらいいか……人の目にはふれない陰《かげ》の仕事なんですよ、清掃《せいそう》って」

と、春子《はるこ》さんは少し心配《しんぱい》そうに言いました。

たしかに、どんなにピカピカにみがかれたトイレに入っても、そこをだれが清掃してくれたのだろうと考える人は、あまり多くはいません。

「わたしたち清掃スタッフは、自分たちの存在《そんざい》をいろんな人に知ってほしいと願《ねが》っています。きっと、全員、そう思っているはずです」

人の目にはふれることのない仕事ではあっても、そこを清掃する人までも影《かげ》と考えてほしくないということだと思います。

「ターミナルのフロアに、平気《へいき》でお菓子《かし》の包《つつ》み紙《がみ》やティッシュを捨《す》てる方がいらっしゃるんです。わたしたちが清掃しているすぐそばで……。『ゴミ箱はあちらにあります』とお教えしても、無視《むし》されたり、ふきげんなお顔つきになられるだけで……」

悲しそうな顔をしました。

自分の出したゴミをゴミ箱以外の所に捨てるという行《おこな》いを、はずかしいことだとは感じないのでしょうか。そんな人は、ゴミといっしょに、自分の誇《ほこ》りまで捨《す》てている、と思わずにはいられません。

「でも、そのようなお客さまばかりではありませんよ。『いつも、きれいにおそうじしてくれて、ありがとう』と言ってもらえるときも多いんです。そんな日は、一日中、うれしい気持ちで、清掃《せいそう》しています。そして、もっとがんばろうと、はりきってしまいますね」

そのときのことを思い出しているのか、くちびるがほころんで、春子《はるこ》さんの大きな目が少しうるみを帯《お》びました。

あるとき、春子さんに清掃に対する心がまえをたずねてみたことがありました。すると春子さんは、ずいぶん考えてから、「やさしい心」と、答えてくれました。

この言葉こそ、春子さん本人を語る言葉ではないか、と思います。

——清掃《せいそう》する人たちのことに、もっと注目《ちゅうもく》してもらいたい。

——清掃する人たちの地位《ちい》が、もっと向上《こうじょう》してくれると、うれしい。

春子《はるこ》さんの願《ねが》いに少しでもこたえることができるといい、そんな想《おも》いにつき動かされて、春子さんへの取材《しゅざい》は始まりました。

2. 中国人だったころ

「『郭　春艶（コウ　ツィンイェン）』。これはね、昔《むかし》のわたしの名前なのよ」

と、春子《はるこ》さんは話しはじめました。

「えっ、どうして？」と、みなさん、ふしぎに思うことでしょう。

春子さんは、一七歳《さい》で日本に帰るまで、中国東北部の瀋陽《しんよう》（三二ページの地図を参照《さんしょう》）という大きな都市《とし》で、中国人として暮《く》らしていたのです。それは春子さんのお父さんが、中国残留日本人孤児《ちゅうごくざんりゅうにほんじんこじ》だったからです。

――中国残留日本人孤児――。

もしかしたら、初めて耳にする言葉かもしれません。

昔……。日本軍が中国大陸の侵略《しんりゃく》・支配《しはい》を強め、一九三七年から一九四五年まで、中国との間が戦争状態《せんそうじょうたい》にあるという不幸《ふこう》な時代がありました。日本が大日本《だいにっぽん》帝国《ていこく》という名称《めいしょう》を使っていた当時のことです。

そのころ中国には、一五〇万人もの日本人が、いろいろな仕事のために移《うつ》り住んでいたと言われています。太平洋戦争《たいへいようせんそう》のころには中国大陸全体が戦場《せんじょう》となり、日に日に戦況《せんきょう》は悪化《あっか》していきました。そしてとうとう日本は戦《たたか》いに敗《やぶ》れました。

日本に帰ろうとしていた多くの人たちは、大混乱《だいこんらん》の中で逃《に》げまどいました。右往左往《うおうさおう》するうちに、家族は離れればなれとなり、亡《な》くなる人たちも大勢《おおぜい》いたのです。

そのような苦しみの中、中国人の手にあずけられた幼《おさな》い日本人の子どもたちがいました。なんとかして、子どもだけは助けたいという日本人の親たちの、必死《ひっし》の願《ねが》いからです。あずけられた子どもたちの多くは、中国人の養父母《ようふぼ》の元《もと》で、中国人として育てられました。

——春子《はるこ》さんのお父さんも、そんな子どもたちのひとりだったのです。

一九七二年、日本と中国の間で、『これからは良き友人として、いい関係をきずいていきましょう』という日中共同声明《にっちゅうきょうどうせいめい》が発表されました。それがきっかけとなり、中国に残されていた日本人孤児《こじ》の存在《そんざい》に、光があてられたのです。

ある日、春子《はるこ》さんのお父さんは、養母《ようぼ》から、手のひらにおさまるくらいの写真を二枚と、六〇センチ四方《しほう》の古ぼけた日本の国旗《こっき》を手渡されました。写真は二枚とも、まったく同じものでした。セピア色になり、角は丸みを帯《お》びてところどころにヒビが入り、ひと目で古いものだということがわかりました。

《あなたの実の父親です。あなたは、日本人からあずかった子どもでした》

と、養母は目をふせました。

おそるおそる手に取った写真には、馬に乗り、腰《こし》には軍刀《ぐんとう》を下げた、軍服姿《ぐんぷくすがた》の男性が写っていました。春子さんのお父さんは、このとき初めて、自分が中国に残された日本人の子どもだった事実を知ったのです。なにしろ、孤児になったときのお父さんは、やっと一歳《さい》になったばかりでしたから、実の両親の記憶《きおく》はまったくありませんでした。その上、すでに亡《な》くなっていた養父《ようふ》が、幼《おさな》かったお父さんを守るために、ひたすらかくし通してくれていたからです。
春子《はるこ》さんが八歳《さい》になったころのこと、二歳上のお姉さんと春子さん、二歳下の弟の三人は、お父さんによばれました。深刻《しんこく》そうな顔をしたお父さんは、テーブルの上に一枚の写真を置いて、ポツリとこう言いました。
《この写真の人が、みんなの本当のおじいさんだよ》
春子さんたちは、顔を見合わせました。そして、写真をのぞきこむと、三人とも、おどろきの声をあげました。

「本当のおじいさんという言い方もびっくりしたけれど、だって、日本の軍人だったの。その写真の人が……。もうなんて言ったらいいか……。本当にびっくり、びっくりでね。『どうして？ どうして？』って」

その時のおどろきは、今でも鮮明《せんめい》に覚《おぼ》えています。なぜ、それほどまでにおどろいたのかというと、それには理由《りゆう》がありました。

春子さんはそれまで、中国で作られた日中戦争《にっちゅうせんそう》の映画を何度も観《み》ていました。

観《み》るたびに、日本帝国軍人《にっぽんていこくぐんじん》は悪者《わるもの》である、と教えられていたのです。映画を観ながら、軍人たちのひどいふるまいに、くやし涙《なみだ》を流したりもしていたのです。それなのに、本当のおじいさんは、馬にも乗っているような、日本帝国の軍人だったなんて……。

（……悪者は、わたしたちだった……）

もし、このことが、学校のだれかに知られたら、どうしたらいいのでしょう。考えただけでも、体がふるえます。

ワルモノ……ワルモノ……ワルモノ……。

その言葉が、早鐘《はやがね》のように頭の中にこだまして、春子《はるこ》さんを打ちのめしました。心がぺちゃんこにつぶれたように思いました。

3. お父さんのおみやげ

一九七二年九月、日中共同声明《にっちゅうきょうどうせいめい》が発表されると、翌《よく》一〇月には、東京の上野動物園に中国からジャイアントパンダが二頭、贈《おく》られました。日本人が初めて目にするジャイアントパンダは、ランラン、カンカンと名づけられ、その愛らしさに、日本中の子どもたちはもちろん、おとなたちも熱狂《ねっきょう》しました。ランランとカンカンは、みごとに親善大使《しんぜんたいし》としての役割《やくわり》をはたし、日中の友好《ゆうこう》ムードはどんどん高まっていったのでした。

一九七八年には、日中平和友好条約《にっちゅうへいわゆうこうじょうやく》が結ばれて、ふたつの国は、いつまでも続く友情を約束《やくそく》したのです。そして、中国の残留日本人孤児《ざんりゅうにほんじんこじ》の人たちは、この年からようやく日本に一時帰国できることになりました。日本の肉親《にくしん》をさがすためでした。孤児たちの存在《そんざい》があきらかになってから、すでに六年という月日が流れていました。

日中平和友好条約《にっちゅうへいわゆうこうじょうやく》の結ばれた年には、春子《はるこ》さんのお父さんも、グループで日本に一時帰国できました。一緒《いっしょ》に帰国した人たちの中には、到着早々《とうちゃくそうそう》、日本の肉親《にくしん》たちとの再会をはたし、どことなく似《に》た顔立ちの人たちに囲《かこ》まれて、ふるさとへ戻《もど》ることができた人もいたのです。

しかし、そのような人たちばかりではありませんでした。手がかりが少なく、困難《こんなん》をきわめた人たちも多くいたのです。

春子さんのお父さんも、その中のひとりでした。なにしろ、手がかりは小さな写真と古ぼけた国旗《こっき》だけです。写真の裏《うら》には文字がしるされていましたが、わずか一行、「千代田城《ちよだじょう》にて」というものでした。

千代田城とは、江戸城《えどじょう》の古い名称《めいしょう》で、今の皇居《こうきょ》をさします。当時、大日本帝国《だいにっぽんていこく》の軍人たちは皇居をバックに記念写真を撮《と》ることがあったのです。お父さんのもっていた実父の写真は、そのような写真ではないかと思われます。

幼《おさな》かったお父さんを中国人の養父母《ようふぼ》の手にあずけなければならなかった敗戦時《はいせんじ》の混乱《こんらん》は、想像を絶《ぜっ》するものだったことでしょう。写真の裏《うら》に、幼《おさ》な子の名や実の両親の名を、書きしるす時間も筆記用具《ひっきようぐ》もなかったのかもしれません。子どもだけは助けたいと、写真と日の丸を隠《かく》し持たせた親の強い願《ねが》いは、胸《むね》を打ちます。

……戦争《せんそう》は、本当に、むごいものです……。

残念《ざんねん》なことに、春子《はるこ》さんのお父さんの肉親《にくしん》は、とうとう見つかりませんでした。

しかし、お父さんはくじけることなく、帰国することになった場合の身元引受《みもとひきうけ》人《にん》をさがしていました。肉親が見つからない人は、身元引受人がいなければ帰国できないきまりだったからです。

そのあいまには、東京の街《まち》を歩きまわりました。戦争もなく、平和な世の中が続いていたなら、住んでいたかもしれなかった街です。街は活気《かっき》に満《み》ち、色彩《しきさい》があふれていました。

お父さんは、自分の帰りを中国で待つ春子さんたち家族のために、「日本の豊

日本へ渡ってから3年後の1990年8月、生まれ故郷《こきょう》の中国を訪《おとず》れたときの春子《はるこ》さん。

かさ」を、おみやげにしようときめました。

「見たこともないようなおみやげばっかりでね。びっくりしたのよ。すごくカラフルな服でしょ。ピンクやオレンジや赤や。レースのフリルがついていたり、アップリケやリボンがぬいつけてあったりね。もう、なにこれ、どうして、こんなにきれいな色や、おしゃれなデザインの服があるのって思ったわよ。……中国では、そのころは、子ども用の服でも、黒と、紺色《こんいろ》と、緑色の人民服《じんみんふく》しかなかったからね。服にいろんな色があるなんてことも、想像したことがなかったわね。

それからね、お菓子《かし》！　もう、感動したのよね。ポップコーンやキャラメル、キャンディ、クッキーや、もう数えきれないくらいのいろんなものを買ってきたわよ。チョコだって、アーモンドがのっていたり、中に何か入っていたりするでしょ。イチゴクリームと二層になっていたり、三角のコーンの中にかわいらしく入っていたり。とにかく、知らないものばっかりで、いちいち感動していたわ。

……親戚《しんせき》にも、近所にも、たくさん配《くば》らないとだめなのね、中国は。だから、お父さんは、それはそれは大量に買ってきたのよ」

瞳《ひとみ》を輝《かがや》かせ、ほほを紅潮《こうちょう》させて、なつかしそうに語る春子《はるこ》さんの様子《ようす》から、その当時の喜びやおどろきの大きさが、バンバン伝わってきます。

お父さんのおみやげは、服やお菓子《かし》ばかりではありませんでした。子どもたちそれぞれに自転車やおもちゃを。家族のためにはカラーテレビを。お母さんのためには洗濯機《せんたくき》を買って帰ったのです。

「もって帰れないでしょ。だから、お父さんたら、船便《ふなびん》で送ったのよ」

と、春子さんは笑《わら》いました。

当時、中国では、一般家庭にやっと白黒テレビが出回りはじめたころでしたから、カラーテレビにはみんな大興奮《だいこうふん》したといいます。

「だってね、それがびっくりするくらい大型のテレビだったのよ。それまで、日本についての情報は、なにひとつなかったのだけれど、そんな大きなカラーテレビが、ふつうの家庭にある日本って、すごい国なんじゃないのって思ったわね。お姉さんとも弟とも、やっぱり日本っていいねって、よく話しあったものよ」

洗濯機《せんたくき》は初めて目にするものでした。そのころの中国の洗濯といえば、どこの家でも、大きなアルミニウムのたらいに木の洗濯板、というスタイルでしたから、四角い箱の中で洗濯物がぐるぐる回りだして、よごれが落ちていく様子《ようす》に、どぎもをぬかれたといいます。

「えっ！　すごい！　こんなものまであるの？　って。とにかく、びっくりしてばっかりだったのよね。……うちの両親は警察官《けいさつかん》だったんだけど、お母さんは家《か》事《じ》もしないとだめだから、毎日、夜おそくまで洗濯したりしていてね。だから、お父さんは、日本で洗濯機を見たとたん、お母さんのために、ぜったい買って帰ろうって思ったんじゃないかな」

日本へのあこがれが、幼《おさな》い春子《はるこ》さんの胸《むね》の中で、日に日に大きくなっていきました。

そのあこがれは、中国を出て日本に永住《えいじゅう》したいというほどの、強いものだったのでしょうか。

「……うちはね、お父さんの決定したことに家族はしたがうのね。お父さんは、たぶん一時帰国した日本を見たときに、家族全員で帰ろうと決心《けっしん》したのだと思うのよ……。だって、《日本は中国とはぜんぜんちがうよ、豊かだし、自由だよ》と、何度も何度も言ったものね。とくに、お母さんには、日本のいい面だけを、ものすごく話したはずだよね。お母さんを説得《せっとく》しないとだめでしょ。……両親が警察官《けいさつかん》だったから、うちは比較的《ひかくてき》豊かだったの。でも、それらを全部捨《す》てても帰ろうと決心していたのよね、きっと。……とくに、わたしたち子どものためには、たくさんの可能性のある日本のほうがいいはずだって」

春子《はるこ》さんはそのように考えています。

数年後、お父さんから、《日本に帰国する》と聞かされたときも、やっぱりそうか、と思っただけで、おどろかなかったといいます。

お父さんのお菓子《かし》のおみやげは、春子さんのクラスメートたち全員にも配《くば》られました。

「みんな目を丸くしてね。《すごい、すごい》って。おいしいし、きれいに作られているし、見たこともないものばっかりだったでしょ。だって、その当時、中国には、子どものために作られたお菓子《かし》なんてなかったからね。……バナナとリンゴと桃《もも》の缶《かん》づめくらいかな。桃の缶づめは、病気の時に食べられる、みたいな特別なものだったから、ふだんは口に入らないしね」

クラスメートたちが、興奮《こうふん》しながらお菓子を食べるのを目にして、春子《はるこ》さんはうれしくなりました。そして、少し得意《とくい》にもなったといいます。

「自慢《じまん》したいという気もちもあったのね。服とか自転車とか。人民服《じんみんふく》じゃなくて、きれいな色の服を着て学校へ行ったもの……。着て行きたかったのよねぇ。きれいな服だったから」

美しいものは、女の子のあこがれです。まして「色」というものが、きわめて少ない所で育ったとすればなおさらです。自慢というよりは、美しいものの存在《そんざい》をみんなにも教えたい、そんな気持ちが働《はたら》いたのではないでしょうか。

しばらくは、なにごともなく過《す》ぎていきましたが、ある時、数人のクラスメートたちが、心の中にふとわきあがった疑問《ぎもん》を口にしました。

《春艶《ツィンイエン》のやつ、どうしてあんな服をもってるんだ?》

《あの自転車だって、そうだぜ》

《あのときの、お菓子《かし》だって、ふしぎだよ》

《そういえば、わからないことばっかりだな》

と、四、五人の男の子たちが、目くばせしながら、ウワサしているのでした。

《おいしい》と、日本のお菓子を食べて喜んでいたクラスメートたちが、だんだん白い目を向けはじめたのです。

見かねた担任《たんにん》の先生が、

《春艶さんのお父さんは、日本人だったんです。あのお菓子は、一時帰国したときの、おみやげだったんですよ。みなさんもおいしくいただいたでしょう》

と、とりなすようにいいました。先生は、むしろ、きちんと真実《しんじつ》を話すことで、想像で語られるウワサ話から、春子《はるこ》さんを守ろうとしてくれたのです。しかし、先生の考えは、春子《はるこ》さんの立場を悪いものにしてしまいました。いじめが始まったのです……。

【日本と中国の位置関係《いちかんけい》】

4. 日本鬼子（リーベンクイツ）

ビュン！

小石がとんできました。学校の帰り道のことです。

ヒュッ！

小石はうなりをあげて、頭の上をとんでいきます。春子《はるこ》さんはふせるようにして石をかわし、ポプラの木にかくれました。お父さんが日本人だと知られてからというもの、いじめっこたちは、春子さんを待ちぶせるようになっていました。

最初は、はやしたてるだけでしたが、日を追うごとにエスカレートして、いつのころからか小石がとんでくるようになっていたのです。

ガッ！

小石は、春子さんがかくれていたポプラの木にあたり、大きくはねかえりました。

リーダー格のいじめっこが、残忍《ざんにん》な目をして、

《リーベンクイツ！》

と、どなるように叫《さけ》びました。

それが合図《あいず》のように、まわりのいじめっこたちも、

《リーベンクイツ！》

と、大声で、口々にはやしたてました。小石がビュンビュンとんできて、バラバラとポプラの幹《みき》を打ちます。そのひとつが、うなりをあげて、春子《はるこ》さんのほほをかすめました。

ピシ！

焼けるような痛《いた》みがはしり、なまあたたかい血が、ほほをつたうのがわかりました。

リーベンクイツは、『日本鬼子』と書きます。強い、ののしりの言葉なのです。かつて、この地を支配しようとしていた日本人に対するにくしみは、『鬼子』と

いう言葉となって、まだ残っていたのです。
《リーベンクイツ!》
《リーベンクイツ!》
その言葉に追われるように、春子《はるこ》さんはポプラの木のかげからとび出し、一目散《いちもくさん》に家をめざして走りました。手かげんする、ということを、いじめっこたちは知りません。情《なさ》け容赦《ようしゃ》のないしつこさで、追いかけてきます。
小学校の校舎を中心にして、ドーナツ状《じょう》に校庭が広がり、背の高いポプラの木々が並木《なみき》となって続いていました。子どもたちの家は、その校庭の外側に、校庭を取り囲《かこ》むように建《た》てられていました。春子さんの家も、その中にありました。
家はもうすぐです。恐怖《きょうふ》ですくみそうになる気持ちを、自分ではげましながら、一心《いっしん》に走ります。心臓《しんぞう》はドキドキと打ち、足はもつれました。凍《こお》るように冷たい一二月の風が、ほほの傷《きず》をつきさすようにして吹《ふ》きつけてきます。悲しくて、涙《なみだ》があふれました。
(こんないじめが、永遠《えいえん》に続いたら、どうしよう……)

絶望感《ぜつぼうかん》におそわれました。

そんなひどいいじめにあっていることを、春子《はるこ》さんは両親には話せませんでした。お父さんが日本人だということが、その原因《げんいん》だったからです。春子さんの毎日を、お父さんが知ったら、どんなに悲しむことでしょう……。だから、ひとりで何カ月もじっとたえていたのでした。

ある日、いつものように、いじめっこたちから逃《に》げていたときのこと。よその家の角で、おじさん――春子さんのお母さんの一番下の弟――に、ばったり出会いました。

《どうした、春艶《ツィンイエン》。なにを泣いているんだ？　……いったい、何があった？　血まで出ているじゃないか》

おじさんは、春子さんの髪《かみ》をかきわけ、頭の傷《きず》の状態《じょうたい》を調べてくれました。その傷のすぐ横には、かさぶたになっているところもあります。おじさんは、ただならぬものを感じました。

《話してみろ！　だれにやられた！》
それまで、だれにも話せなかった春子《はるこ》さんでしたが、とうとうポロポロと泣き出して、
《みんなが、いじめる。石をぶつけてくるの。リーベンクイツって言って。何カ月も前から。……みんな、お父さんが買ってきた日本のお菓子《かし》を、喜んで食べてたのに……。なにがなんだか、わたしにはわからない》
しゃくりあげながら、つらい気持ちを、おじさんにうったえていました。
この時、春子さんは、――かわいそうに、たいへんだったな――と、ただやさしく背中《せなか》をさすってほしかっただけでした。そうしてもらえたら、また、ひとりでがんばれると思ったのです。
ところが、おじさんの反応は、春子さんの予想もしないものでした。
《なんだ！　それで泣きながら逃《に》げてきたのか！　やられっぱなしか！　みっともない！》
そして、春子さんを連れて、いじめの中心になっていた男の子の家へ向かいま

した。少し青い顔をして出てきた男の子を、がっしりと地面におさえこむと、ピシャッと一発ほほを打ち、

《いいか！　こんど、うちの春艶《ツィンイエン》をいじめたりしたら、おれがだまっていないぞ！　この程度《ていど》じゃ、すまないってことだ。みんなにも、そう言え！　わかったな！》と、どなりつけました。

春子《はるこ》さんは、プルプルとふるえながら、この様子《ようす》を見ていました。おじさんにほほをぶたれた男の子の目には、おびえがありました。いつも春子さんをいじめている時の、残忍《ざんにん》な様子はありません。青ざめて、ひとまわりもちぢんで見えます。あんなに恐ろしいいじめっことして、春子さんの前に立ちはだかっていた男の子と、同じ人とは思えないほどでした。

春子さんの胸《むね》に、ふしぎな気持ちが芽《め》ばえました。それは、「いじめっこたちも、ひとりひとりは、やはり弱い人間ではないだろうか」という思いでした。そして、もうひとつ、「とにかく、泣いて逃《に》げていてはいけない。自分の身は、自分で守らなければだめなのだ」ということでした。

中国・瀋陽《しんよう》にて、かつての友人たちと再会した春子《はるこ》さん（右）。辛《つら》いこともあったが、明るい春子さんをしたう友だちもいた。

おじさんに助けてもらえたのは、泣きながら逃《に》げていたときに偶然《ぐうぜん》出会えたからでした。でも、いつもいつも、そんな偶然があるわけはないのです。それに、ことによると、いじめっこたちは、おじさんにしかられたことを逆《さか》うらみして、これまで以上にひどい仕打《しう》ちをするかもしれません。

――いじめられ続けるつもりか？

――泣き続けるつもりか？

――逃げ続けるつもりか？

答えは『ノー』でした。自分を守るために、いじめっこたちに『立ち向かおう！』』、春子《はるこ》さんは強く心にきめました。

「それからのわたしは、まるで性格が変わったみたいになってね。石をぶつけられたら、わたしも石を投げ返したし、なぐられたら、その倍はなぐり返したの。負けるもんかって思ってね。……まだ、中国は、そんな時代だったの……」

春子さんは、ちょっと遠くを見つめて、そのように言いました。子ども時代を

過《す》ごした中国は、なつかしさとともに、苦《にが》い思い出もあわせもった土地なのでしょう。そして、

「今ならね、いろんなことを勉強したし、年齢《ねんれい》も重ねたから、別な方法もあっただろうということを知っている。でもね、小学生のころは、何も知らなかった。何の経験《けいけん》もなかったし。自分を守る、イコール、やり返す、そういうことだと思っていたのね。

いじめられるって、恐怖《きょうふ》そのもの。どうしていいかわからない……。いじめるほうは、軽い気持ちでいじめるのかもしれないけど、それが原因《げんいん》で、命を亡《な》くす子どもたちもたくさんいるでしょう……。だとしたら、いじめは、犯罪《はんざい》だと思うの。ともかく、いじめはいけないことよ。絶対《ぜったい》に！」

このようにつけ加えました。

COLUMN: 1

やってみよう！ ミッション その1

『**洗《あら》ったタオルをしぼって、身近《みぢか》なものをふいてみよう**』

①タオルをキュッとかるくしぼってみよう。

絵のようにたてにして、内側によじりながらしぼるといいよ。

タオルには、だいぶ水気《みずけ》が残っているね。

それで何かをふいたら、ビチョビチョになるよね。

手をふいたって、ふいたことにはならないね。

では、そのタオルを……、

②ギュギュッ！ と、きつくしぼってみよう。
もう１てきも、水気《みずけ》が出てこない状態《じょうたい》にね。
しぼった形のまま、ネジネジになっていたら、いいしぼり方。
ネジネジタオルをパッとひろげて、手をふいてみて。
いいかんじでしょ？

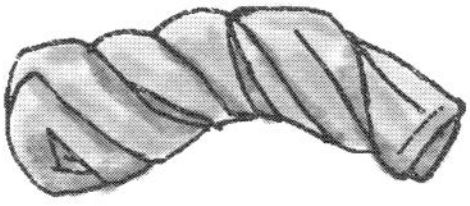

まわりに飛びはねた水も、ふき取ってネ。
そして、もう一度、ギュギュッ！ と、ひとしぼり。

③さあいよいよ、何かをふいてみよう！
たとえば、玄関《げんかん》ドアのノブ。自分の机《つくえ》の上。
タオルは、てのひらより少し大きめにたたんで、
親指《おやゆび》と人差《ひとさ》し指《ゆび》の間に
はさむようにしてもつのがコツよ。
力が入って、ふきやすいの。
ただし、きれいにしようと思うものの
形によって、タオルのもち方などもかわるわね。

指の入らないような場所なんかは、
どうしたらふけるかな？
細長くたたむとか、棒《ぼう》の先をくるんで
輪《わ》ゴムなどでとめるなどして、
ふく場所にあわせて考えて、
工夫《くふう》して、よごれをふいてみよう！

5. 二宝（アルパオ）

いじめっこたちに立ち向かうようになった春子《はるこ》さんは、だれよりも負けん気の強い、活発《かっぱつ》な女の子になっていきました。食べることが大好きで、健康《けんこう》そのものでした。

そんな春子さんでしたが、生まれつき健康にめぐまれていたわけではありません。

一九七〇年、春子さんは生まれました。「春艶《ツインイエン》」という中国名の示《しめ》す通りの、艶《つや》やかな春の日のことでした。春は、命あるものがすべて芽吹《めぶ》く季節《きせつ》ですが、春子さんは、その命があやぶまれるほどの、超未熟児《ちょうみじゅくじ》として誕生《たんじょう》したのです。体重は一〇〇〇グラムもなく、身長は赤いレンガブロックほどでした。小さな小さな指には、爪《つめ》さえもまだできてはいませんでした。母親のお腹《なか》の中で、しっかりと育って生まれた赤ちゃんの標準《ひょうじゅん》は、体重三〇〇〇グラム、身長五〇センチくらいですから、春子《はるこ》さんがどれだけ危険《きけん》な状態《じょうたい》であったかが、うかがわれます。すぐに保育器《ほいくき》に移《うつ》されて、集中的な治療《ちりょう》がほどこされました。しかし、お医者さんや看護師《かんごし》さんたち医療《いりょう》スタッフは、「この赤ちゃんは、とうてい助からないだろう」と考えていたといいます。

ところが、赤ちゃんだった春子さんの生きようとする力は、すばらしく強いものでした。母乳《ぼにゅう》が飲めるようになると、飲んでは眠《ねむ》り、目覚《めざ》めては飲み、どんどんしっかりしていったのです。そのけなげな様子《ようす》は、あきらめていたまわりの人たちを、おどろかせたり、喜ばせたりしました。《毎日、大きな卵一個分くらい体重がふえていった》と、お母さんからいつもそのときの様子を聞かされました。

ふつう、赤ちゃんは、生まれてから二カ月ほどは、毎日二五～四〇グラムずつ、体重がふえると言われています。大きな卵の重さはだいたい六〇～七〇グラムですから、赤ちゃんだった春子さんの生命力がどんなに強いものだったか、わかります。

やっと離乳食《りにゅうしょく》が食べられるようになったころには、お父さんやお母さんの食べているものにも興味《きょうみ》を示《しめ》し、手を伸《の》ばして口に運ぼうとするほどでした。あまりにも小さく生まれたために、病気が心配《しんぱい》されていましたが、すこやかに成長していきました。

春子《はるこ》さんはよく、「小さいころから、くいしんぼうだったの」と話しますが、『食べる』ことは、『生きる』ということです。くいしんぼうのおかげで、春子さんは生きることができたのだと思います。

そんな春子さんを、お父さんは《二宝（アルパオ）》と、ニックネームでよぶようになりました。二宝の二は、二番目の子ども、という意味です。つまり、あきらめかけていた二番目の子どもの命が助かったこと、それこそが宝ものなのだ、というお父さんの気もちのあらわれです。今では、家族みんなが、二宝と、春子さんをよんでいます。なんてすてきで、あたたかいニックネームでしょう。

『自分で自分を守る』と決めて、いじめに立ち向かった少女のころには、超未熟児《ちょうみじゅくじ》だったひ弱なイメージは、春子《はるこ》さんから消えていました。自信もつき、力も強くなっていったのです。

ちょうどそのころのエピソードがあります。

春子さんは、お父さんに、ニワトリのさばき方を教えてほしいと頼《たの》みました。当時、春子さんたちは、鶏肉《とりにく》をよく食べていたのですが、お店には、生きているニワトリしか売っていなかったのです。どこの家でも、ニワトリをさばくのは、父親の仕事でした。しかし、春子さんのお父さんは、仕事で、二、三週間出張が続くことがあったのです。そうなると、お父さんの留守《るす》の間は、お肉なしの食生活になるわけでした。

「どうしてもお肉が食べたい！」

その一心《いっしん》で、お父さんにニワトリのさばき方を教わったのです。それからというもの、お父さんの留守の時には、その仕事は春子さんの役目《やくめ》になりました。子どもなりに、家のためにできることをする、という生活は、春子さんをたくましく変えていきました。強い責任感《せきにんかん》も育っていったはずです。

「この右腕《みぎうで》の二の腕の筋肉《きんにく》は、小学生のころには、すでについていたものなのよ」

春子《はるこ》さんは、あるとき、そう言って力こぶを見せてくれました。さわると、がっちりと固い小さな岩のようです。この元気印《げんきじるし》の力こぶは、どのようなことで備《そな》わったものなのでしょう。中途《ちゅうと》はんぱな運動で、つくような筋肉ではないように感じました。


中国では、小学校四年生から高学年と考えられていて、運動会ともなると、自分の出る競技《きょうぎ》を自分で決めることができたそうです。春子さんが、おもしろそうだと選んだ競技は、なんと「砲丸投《ほうがんな》げ」でした。重さ四キロの鉄の砲丸です。それを、耳と肩《かた》にはさむようにもって、体を回転させるようにして、投げるのです。「腕力《わんりょく》には自信があったから」と、春子さんは、当然のように言いました。それもそのはずです。投げるたびに優勝《ゆうしょう》して、区と市の記録保持者《きろくほじしゃ》として、「郭《コウ》　春《ツィン》艶《イエン》」という名前は瀋陽《しんよう》市で知られていたのですから。

当時の中国の運動会は、小学校といえども大イベントで、スカウトの人たちも大勢《おおぜい》、集まってきたほどのにぎわいでした。

春子《はるこ》さんも強化選手に選ばれて、ずっと奨学金《しょうがくきん》をもらって、砲丸投《ほうがんな》げをがんばっていたのです。強化選手は、オリンピックを目指《めざ》す選手、ということです。

「強化選手に選ばれたからには、よりよい結果を出そうと思っていたわね。毎日、登校前の、朝四時から七時までの三時間が、練習時間だったわね。夏は、練習しているうちに夜が明けていくのよ。すてきだったわね。冬は、満天《まんてん》の星空。寒かったけど、そんなこと、なんでもなかったわよ」

サラリと言いました。

春子さんは、六年生のころでさえ、身長はわずか一二六センチでした。その小さな体の女の子が、くるくると回転しながら、四キロの鉄のかたまりを投げるのですから、まったく、おどろくではありませんか。春子さんの小岩のような、がっちりとした筋肉《きんにく》のナゾがとけました。

今は、日本でも、ジュニア強化プロジェクトとして、幼《おさな》いうちから有望《ゆうぼう》な子どもを育てていますが、三〇年以上も前の中国では、すでに、子どもたちの能力を開発するプロジェクトがさかんだったのです。

そのころの中国の義務教育《ぎむきょういく》は、小学校だけでした。中学校へ入学するためには、日本の高校入試《にゅうし》のような試験《しけん》があったのです。

小学校を卒業した春子《はるこ》さんも、合格して中学校へ通いはじめましたが、日本へ帰国するための手続きなどで、欠席《けっせき》しなければなりませんでした。中学校は、遅刻《ちこく》三回で退学《たいがく》というきまりがあったほどきびしくて、病気以外での欠席は問題になりました。これから先も、帰国の手続きには、長い時間がかかるはずでした。そのたびに欠席して、問題が大きくなっていくのではたまったものではありません。ついに、春子さんは、退学を決意しました。一三歳《さい》の秋のことです。

中学校をやめたことで、砲丸投《ほうがんな》げも続けることはできませんでした。

「砲丸投げをあきらめるなんて、残念《ざんねん》とは思わなかったの？」と、春子さんに質《しつ》問《もん》をしてみました。

「……残念《ざんねん》とは、あまり思わなかったわね。小学校のときにやるだけやった、と思ってたからかもしれないわね。名前も残せたから、砲丸投《ほうがんな》げの選手としては、ひとつの区切《くぎ》りをつけたと思ったのね」


中学校へ通うかわりに、春子《はるこ》さんは、土建業《どけんぎょう》を営《いとな》むおばさん――お母さんの妹――の会社で働《はたら》きはじめました。

そこでは、壁《かべ》ぬりの職人をしていました。左手にモルタルをのせた平《ひら》たい台をもち、右手でコテを動かして、おとなの人たちにまじって、一生懸命《いっしょうけんめい》に壁をぬっていたといいます。体の小さかった春子さんは、おもに壁の下のほうを引き受けていました。上手《じょうず》だとほめられるたびに、うれしくて、ぬり方を工夫《くふう》したりして、練習を重ねました。

体を動かす仕事は、自分に向いていると、このとき実感したといいます。そして、一年半くらい、その仕事を続けたのだそうです。

「好きな仕事だったわよ。たいへんとか、考えたことなかったな」

と、笑《わら》いました。

春子《はるこ》さんの、どんな困難《こんなん》にもくじけない心の強さと、しっかりとした体の軸《じく》は、子ども時代を過《す》ごした中国で、すでに身についたものだったのです。

二宝《アルパオ》の二は、二倍。

宝は、命。

――二倍の命を生きている――。

春子さんを見ていると、お父さんのつけてくれたニックネームは、生きるエネルギーにあふれた春子さんを語る、ぴったりの言葉だと感じます。

春子《はるこ》さんの父・田中一郎《たなかいちろう》さんと、母・俊子《としこ》さん。

6. 日本への「帰国」

日本へ帰国するための、家族五人の書類《しょるい》がやっとそろいました。しかし、帰国は、そうたやすいことではありませんでした。順番《じゅんばん》待ちなのです。順番になれば、日本政府から帰国に必要な費用《ひよう》が出ることになっていました。『中国残留日本人孤児《ちゅうごくざんりゅうにほんじんこじ》』と認《みと》められても、肉親《にくしん》が見つからない場合、日本での身元引受人《みもとひきうけにん》が必要となりました。幸いなことに、肉親をさがすために一時帰国した時に、春子《はるこ》さんのお父さんを気に入って、身元引受人に名のりをあげてくれた人がいましたから、順番さえくれば、あとはスイスイとうまくいくはずでした。

しかし、その順番はいつになるのか、まったくわからなかったのです。この先、何カ月、何年、待つことになるかもしれませんでした。書類がそろうのにさえも、何年もかかったのです。

《もう、これ以上待っていられない！》

春子《はるこ》さんのお父さんは、子どもたちのためにも、一日でも早く帰国しようと考えました。それは、『日本政府からの費用《ひよう》に頼《たよ》らずに、自分のお金で帰ろうという決心《けっしん》をした』ということです。

日本に肉親《にくしん》が見つからなかった春子さんたちにとっては、帰国して日本になれるまでの間――さまざまな援助《えんじょ》はあるにしろ――中国で貯《たくわ》えたお金が必要になるはずでした。しかし、お父さんは、お金はみんなで働《はたら》けばなんとかなるだろうと思ったのです。むしろ、ぐずぐずと順番《じゅんばん》を待つことで消えていく時間のほうが、とりかえしのつかない大切なものに思えたのでした。

「うちのお父さんは、ものすごくせっかちで、決めたらすぐ、という人なの」

春子さんは困《こま》ったように笑《わら》いました。なぜなら、自分のお金で帰国すると決めたこの時も、お父さんの『すぐ』が発揮《はっき》されたからです。

毎日、いそがしそうに出かけていましたが、ある日、急いで帰ってくると、

《明日、出発する！》と宣言《せんげん》したのです。日本行きのめどがついたというのでした。

家族全員、びっくりしながらも、大あわてで仕たくをしました。家族五人の書類《しょるい》がそろった時点で、いつでも帰国できるように、引っ越しの用意は進めていたものの、このときのお父さんの決断《けつだん》には、だれもが耳を疑《うたが》い、本当だとわかった瞬間《しゅんかん》、はじけるように動きだしたのでした。

やっと日本へ行ける、という思いとはうらはらに、親戚《しんせき》との別れはつらいものでした。突然《とつぜん》のことに、おじいちゃんとおばあちゃん——お母さんの両親——は、生きている間に、もう会えることはないだろうと言って、泣き通しでした。年老《としお》いた祖父母《そふぼ》にとっては、中国を出て別の国で暮《く》らす生活があることなど、どうしても納得《なっとく》できなかったのです。

《絶対《ぜったい》、会いに帰ってくるから》と、いくども約束《やくそく》しながら、お母さんも泣き続けました。春子《はるこ》さんは、いつも冷静《れいせい》なお母さんが泣くのを初めて見ました。このときばかりは、自分たち家族の未来に不安を覚《おぼ》えたといいます。

一九八七年六月、一家五人は、日本への帰国をはたしました。春子《はるこ》さんは、一七歳《さい》になっていました。お父さんが一時帰国をしたのは、春子さんが八歳のころでしたから、それから九年も過《す》ぎたことになります。

お姉さんだけが、あいさつ程度《ていど》の日本語を知っていましたが、ほかの家族はまったくわかりませんでした。そんな帰国でしたが、成田空港《なりたくうこう》に到着《とうちゃく》してすぐに、共産主義《きょうさんしゅぎ》の中国とはちがう、自由な雰囲気《ふんいき》を感じとったと、春子さんは言います。

それまでは、お父さんから聞かされる日本は、自分たちとあまりにもかけはなれていて、想像することさえもできなかったのです。

けれど、空港のロビーを行きかう人たちの姿《すがた》を目にしたとたん、これから住む日本が急に身近《みぢか》に感じられました。『百聞《ひゃくぶん》は一見《いっけん》に如《し》かず』ということわざ通り、自分の目で見た瞬間《しゅんかん》に、あざやかに心にひびいたのです。そして、自分も明日から日本人として暮《く》らすのだという思いに、ワクワクと気持ちがはなやぐのを感じたのでした。

ところが到着《とうちゃく》そうそう、春子《はるこ》さんたちをアクシデントがおそいました。身元引受人《みもとひきうけにん》になってくれた人が、待てどくらせど現《あらわ》れないのです。その日に宿泊《しゅくはく》するホテルのことなど、その人が手配《てはい》してくれる約束《やくそく》になっていました。

春子さんのお父さんは、広い成田空港《なりたくうこう》を何時間もさがしまわりましたが、ついに会えませんでした。

あとでわかったことでしたが、春子さんたちが成田に着いたその日に、身元引受人からの手紙が中国の家に届《とど》いていたのです。行きちがいになってしまったようでした。そこには、「身元引受人にはなれなくなった」ということが書かれてありました。じつは、その人は、目に障害《しょうがい》のある人で、日本政府から「身元引受人として認《みと》めることはできない」という評価《ひょうか》が下されたのです。まったく、ひどい話ではありませんか。

この時点《じてん》では、その手紙のことは知るよしもありませんでしたが、何か、とんでもない事態《じたい》が起きたのだろうと、お父さんは考えました。昼過《ひるす》ぎに到着したのに、時刻《じこく》はすでに真夜中《まよなか》になっていました。身元引受人になってくれた人をさがすことはあきらめて、せめて今夜、家族五人が安心して眠《ねむ》れるところを、なんとしても見つけようと、お父さんは必死《ひっし》に、身ぶり手ぶりで交渉《こうしょう》を続けました。そうしているうちに、やっとのことで中国語を話せるタクシーの運転手さんとめぐり会うことができました。そして、その人の紹介《しょうかい》で、台湾《たいわん》出身の人の経営するホテルに泊《と》まれることになったのです。

「お父さんもお母さんも、どれだけほっとしたかと思うわ。でも、わたしは、すべてが初めてのことばかりで……。飛行機も初めて。日本も初めて。見るものすべて、初めてのことばかりだったから、めずらしいことのほうに心がうばわれて、あまり細かいことは覚《おぼ》えていないのよね」

春子《はるこ》さんは、当時を思い出しながら、明るく笑《わら》いました。

ホテルには、一週間ほど滞在《たいざい》しました。その間に、お父さんは日中友好条約《にっちゅうゆうこうじょうやく》が結ばれた時にできた団体に連絡《れんらく》をとり、代表の人に一時的な身元引受人《みもとひきうけにん》をお願《ねが》いしました。なんとか日本政府とも話がつき、生活費か、住むところか、どちらかを援助《えんじょ》してもらえることになりました。お父さんは、迷《まよ》わず、「住むところをお願《ねが》いしたい。うちの家族は全員健康《けんこう》だから、生活費は、みんなで働《はたら》けば、なんとかなる」と、答えたのです。

ホテルから、国が用意してくれた住宅に移《うつ》るまでの三日間、一時的に身元引受《みもとひきうけ》人《にん》になってくれた人が、春子《はるこ》さんたち家族を、自分の家に泊《と》めてくれました。ホテル代をいくらかでも少なくしてあげようという心配《こころくば》りからでした。その人に、群馬《ぐんま》サファリパークに連れて行ってもらえたのも、このころのことでした。心細い日々でしたが、たくさんの人たちに支《ささ》えられて過《す》ごしていたのです。

ようやく、一家五人、都営住宅《とえいじゅうたく》での生活がスタートしました。名字も、中国名の『郭《コウ》』から『田中』に改《あらた》めました。田中という名前は、日中友好条約《にっちゅうゆうこうじょうやく》が結ばれた時の総理大臣《そうりだいじん》だった田中角栄《たなかかくえい》氏の名字を、感謝《かんしゃ》の気持ちをこめていただいたそうです。名前も、『春艶《ツィンイエン》』から一字を取り、『春子』に決めました。

1987年6月、一時的に身元引受人《みもとひきうけにん》になってくれた方と、群馬《ぐんま》サファリパークへ行った時の写真。右のネクタイ姿《すがた》の男性がその方。
となりから順《じゅん》に、春子《はるこ》さん、姉の淑子《よしこ》さん、弟の鉄男《てつお》さん。

郭《コウ》　春艶《ツィンイエン》は、田中春子《たなかはるこ》になりました。

「中国名のときは、わたしは中国人ですと答えていたの。お父さんが日本人だと知っていたから、まあ、ハーフなんだけど。でも、田中春子になったら、しぜんに、あっ、半分だな、と思えたの」

それからは、あなたはどこの国の人ですか、と聞かれるたびに、

「中国人半分、日本人半分の、半分半分ですよ」

と答えるようになったといいます。


そのころのことですが、最初に身元引受人《みもとひきうけにん》に名のりをあげてくれた人の家を、春子さんたちは家族全員で、お礼のために訪《おとず》れました。

まだ、誰《だれ》も日本語を上手《じょうず》に話せない時でした。もちろん、その人も中国語は話せません。だから、みんなで、にこにこと笑顔《えがお》で向かいあっていたのでした。

「その方は、おひとりで住んでいらしてね。わたしたちに、お茶を出そうと思っ

たらしいの。そして、わたしのすわっているソファのほうに歩いて来たので、わたしはお手伝いをしようと立ちあがったんだけど、その時、おでことおでこをぶつけてね……。目のご不自由な方だから、どこに何があるかを、自分の歩数《ほすう》で覚《おぼ》えていたのね。自分の椅子《いす》から、何歩目のところにお茶のセットがある、というように……。それを知らずに急に立ちあがったものだから……。わたしはどうしたらいいかわからなくなって、立ちつくしていたの。ごめんなさいっていう気持ちで。そしたらね、逆に、わたしのことを心配《しんぱい》してくださって、『だいじょうぶ？』と、わたしのおでこに手をあてるように……こう……手さぐりでね。

だけど、もう、わたしたちみんな、感動で胸《むね》がいっぱいになってしまったのよね。その方の、お顔つきやふるまいがとても静かでやさしくてね。……ご自分だって、いろいろとたいへんなことが多いと思うのに、わたしたちのために、身元《みもと》引受人《ひきうけにん》になってくれてありがとうって。もう、ありがたくて、ありがたくて。感謝《かんしゃ》でみんな泣きそうになったのよ。その人がいてくれなかったら、あんなに早くは、帰れなかったものね。……手紙が行きちがいになったことも、わたしたちにとってはラッキーだったのよ。もし、中国でそれを受け取っていたら、また一から、身元引受人《みもとひきうけにん》をさがさないといけなかったわけだもの。どんどん、日本への帰国がおくれたはずだわ」

春子《はるこ》さんは、そのときのことを思い出すたび、深い感謝《かんしゃ》の気持ちがよみがえると、話してくれました。

※一九九八年、春子さんは結婚《けっこん》して、「新津《にいつ》」姓《せい》になりました。

7. 勉強したい！

春子《はるこ》さんたちは、お父さんが一時帰国をした時に買って戻《もど》った、カラーテレビと洗濯機《せんたくき》を、もち帰っていました。都営住宅《とえいじゅうたく》に移《うつ》る時には、いろいろな人たちや団体から、家具《かぐ》や電化製品《でんかせいひん》や日用品《にちようひん》などの寄付《きふ》を受けましたが、その中に、長い間、自分たちの生活を支《ささ》え続けてくれた家電たちが見えると、ほっとしました。今や単《たん》なる品物ではなく、力強い味方《みかた》のように思えたからです。

部屋も片付《かたづ》き、都営住宅で暮《く》らすことにも少しずつなれていきました。しかし、のんびりしているわけにはいきません。日本政府からの援助《えんじょ》もあったとはいえ、中国で貯《たくわ》えたお金はどんどん少なくなっていったからです。

《家族みんなで働《はたら》く》というお父さんの言葉通りに、ともかく、一日も早く仕事をさがさなければなりませんでした。

春子《はるこ》さんたち家族には、ささやかな願《ねが》いがありました。それは――家族全員、同じ職場で働《はたら》きたい――というものでした。なにしろ、日本語をまだ満足《まんぞく》に話せなかったからです。家族が一緒《いっしょ》であれば、助け合ってがんばれると思いました。そんな願いにあてはまる仕事は、ただひとつ、清掃《せいそう》だけだったのです。

清掃か……と、だれもが思いました。なぜなら、清掃は、中国では、地位《ちい》の低い仕事だったからです。だから、正直《しょうじき》なところ、その仕事を選ぶにあたっては、ためらいがありました。けれど、どんな仕事であろうとも、働かなければなりませんでした。貯金《ちょきん》は目に見えて少なくなり、せっぱつまっていたのです。

季節《きせつ》は、夏になっていました。北国で暮《く》らしていた春子さんたちにとって、湿《しっ》度《ど》の高い東京の暑さは、心にも体にもこたえました。

「清掃は、一生懸命《いっしょうけんめい》、仕事をしていれば、ほかの人と話さなくてもできる仕事だったの。清掃の基本《きほん》は、よごれを落とすこと。万国共通《ばんこくきょうつう》だから、なんとかやれたのね。……でもね、日本でもやっぱり地位の低い仕事だったと、瞬間《しゅんかん》にわかったの。当時は、ユニフォームの色もデザインも、がっかりするようなものでね。自分たちで自分たちを低めている感じがしたものよ。だから、最初は、清掃《せいそう》という仕事は、日本語が話せるようになるまでの、少しの間の仕事と思っていたわね」

《早く日本語を話せるようになりたい！》と、春子《はるこ》さんは必死《ひっし》でした。言葉がわからないために、不利《ふり》なことも多かったからです。仕事先で、なにかがこわれたりすると、「中国人にちがいない」とあらぬ疑《うたが》いをかけられたりもしました。かたことの日本語で、自分たちではないことを一生懸命《いっしょうけんめい》伝えましたが、「中国人は中国へ帰れ」と、心ないことを言う人たちもいたそうです。

《中国にいる時は、日本鬼子（リーベンクイツ）と言われ、日本に来れば、中国人は帰れと言われる……。いったい、わたしたちは、どうしたらいいのだろう……。言葉さえ話せたなら、自分の考えていることが伝えられるのに……》

くやし涙《なみだ》が流れました。

しかし、悪いことばかりでもありませんでした。ある日、教えられたように、よごれを落としていたとき、どんどんきれいになっていくのを見て、春子《はるこ》さんはびっくりしました。

《あら、きれいになるものねえ》と、声に出して言っていました。このときが、清掃《せいそう》という仕事に、真正面《ましょうめん》から向きあった最初の日だったのではないかと、春子さんは思っています。そして、（清掃という仕事は、自分に向いているかもしれない）と、考えるようになりました。これがきっかけとなって、春子さんの心の中に、清掃の占《し》める割合《わりあい》が少しずつ、けれど確実《かくじつ》に広がっていきました。

日本に来たばかりのころ、日中友好《にっちゅうゆうこう》の団体の人たちから、「高校に進学することもできますよ」と教えられていました。春子さんはその時から、ずっと「進学したい」と思っていたのです。けれど、仕事が優先《ゆうせん》でしたし、何をどのようにすればいいのか、わからずにいたのでした。そんな春子さんに救《すく》いの手がさしのべられました。勉強を教えてくれる人が見つかったのです。

1988年4月、お花見《はなみ》での一枚。前列中央が春子《はるこ》さん。
甘《あま》いものが大好きだった18歳《さい》のころ。
右から、姉・淑子《よしこ》さん、母・俊子《としこ》さん、弟・鉄男《てつお》さん。
春子さんの左どなりは、お父さんの知人《ちじん》。

「勉強を教えてくれた人は、中国系の女の人だったけど、日本で育った人で、学校の先生をしていたの。ずっと、高校へ行きたいと思っていたけれど、具体的《ぐたいてき》にどうしたらいいのかわからなかった時に、その先生が、高校に進学したいと思っているのなら、勉強を教えますよ、と言ってくれて。すぐに『お願《ねが》いします！』と答えたの」

お父さんは、家のために、春子《はるこ》さんにも、これまでと同じように働《はたら》いてほしかったのだそうですが、春子さんは「高校へ行きたい！」と希望《きぼう》しました。

《それなら、学費《がくひ》は、自分で働いて作らないといけないよ》

お父さんの言葉に、春子さんは《わかりました》と答えました。

そして、清掃《せいそう》の仕事も続けながら、必死《ひっし》で勉強をがんばりました。

最初は、文字の読み書きから始まったといいます。カタカナとひらがなは、それまでまったく知りませんでしたから、それこそ「あいうえお」からのスタートだったのです。漢字に関していえば、もともと中国の文字ですから、何が書かれてあるか、なんとなく意味は伝わりましたが、音読みと訓読みという二種類の読みがあり、てこずりました。しかし、なにはともあれ、考えていることを伝えたい、読めて書けるようになりたい、そして高校生になりたい、その一心《いっしん》で、努力をしました。

やがて、どんどん、日本語も覚《おぼ》えていき、それまで疑問《ぎもん》に思っていたことなども、少しずつ理解《りかい》できるようになっていきました。

「先生は、帰国子女《きこくしじょ》を受け入れている高校を調べてくれて、その学校の過去問《かこもん》もやったわよ。一年以上、教わったと思うわ」

そして、みごと、都立高校に合格しました。

帰国して二年が経《た》っていました。

春子《はるこ》さん、一九歳《さい》の春のことです。

8. 高校時代

高校生になりたいと思った時にお父さんとかわした約束《やくそく》——『学費《がくひ》は自分で働《はたら》いて作る』——を、春子《はるこ》さんは守り通しました。高校生活の三年間、清掃《せいそう》の仕事を続けたのです。でも、約束などしなくても、春子さんは働くつもりでした。豊かではないという家庭の事情《じじょう》は、よくわかっていたからです。

高校生になるということは、学校が生活の中心になるはずですから、それまでのように清掃の仕事をフルタイムで続けられるわけはありません。どの程度《ていど》の時間、働いていたのでしょうか。そのあたりの事を、春子さんにくわしく話してもらいました。

「かなりがんばったと思うわよ。……早朝から仕事をしていたからね。もちろん清掃《せいそう》の。朝六時ごろから始めていたかしら。ひと仕事を終えて、学校に行くというぐあいだった。遅刻《ちこく》はしなかったわね。まかせられた所を、決められた時間の中で、ちゃんと清掃していましたよ。そして、学校が終わると、放課後、また別の清掃の仕事をしていたのよ。土曜日も、日曜日も、朝から晩《ばん》までね。夏休みとかの長期の休みには、もう一日中ね。それこそ、フルタイムで。

こんなふうに働《はたら》けたのには、わたしなりに工夫《くふう》をしたからなんだけど。それはね、高校に通う電車の沿線《えんせん》に、清掃の仕事先を決めていたということなの。朝と夕方の二カ所ね。学校へ通うために、毎日乗る電車なわけだし、乗りかえなしで一本で行けたから、楽《らく》だったのよね。しかも、沿線の町は、いつも見なれているというか……まったく知らない町ではないから、迷《まよ》わずに行けるでしょ。

それと、もうひとつ、いいことがあったのよ。高校に通う定期券《ていきけん》で仕事に通えたのに、朝夕の二カ所の仕事先から、それぞれに交通費がもらえたの。定期券で通えることは、仕事先でも知っていたけど、知らないふりをしてくれたんだと思うの。もしかしたら、違反《いはん》だったかもしれないけど、みんなが助けてくれたのだ

いました。

と、今は思えるわ」

違反《いはん》だったかも、というところでは、ペロリと舌《した》をだして、いたずらっぽく笑《わら》

朝も、夕方も、仕事を続けていたので、クラブ活動はできませんでした。

テニス、卓球《たっきゅう》、バドミントン。これらは、中国でもやっていたスポーツでした

から、高校生活のそれぞれの学年で、申しこんではいたのですが、時間的にもゆ

とりがなく、とてもできませんでした。クラブ活動の話のときには、さすがに、

少し残念《ざんねん》な様子《ようす》がうかがえました。小学生の時、砲丸投《ほうがんな》げの強化選手に選ばれて

いたくらいの春子《はるこ》さんですから、どの競技《きょうぎ》をしても、それなりの成績をおさめた

ことでしょう。

けれど、働《はたら》かなければ高校へは通えませんから、クラブ活動のことを考える余《よ》

裕《ゆう》は、当時の春子さんには、なかったのです。なにしろ、早朝の仕事は、たまに、

四時からということもありましたから、どんなに元気印《げんきじるし》の春子さんでも、体がふ

たつないかぎり、クラブ活動は無理《むり》というものでした。

高校生なのに働《はたら》いてばかりの春子《はるこ》さんでした――。このように書くと、何ひとつ楽しいことがなかったように思えますが、そうではありませんでした。若かった春子さんなりの楽しみ方があったのです。

それは、お給料《きゅうりょう》をもらったあとの買い物でした。ハイティーンの女の子らしい買い物……。服やバッグや靴《くつ》です。とくに服は、毎月、上から下まで買いました。目を輝《かがや》かせて、ショーウィンドウに飾《かざ》られたファッションを見つめる春子さん。色あざやかな洋服を、あれもこれもと手に取り、試着《しちゃく》する春子さん。そのときの胸《むね》の高なりや喜び、といったものが想像できます。

服のほかの楽しみは、お菓子《かし》でした。見たこともないお菓子があると、次々と買って食べました。それがおいしいとなると、大量に買って食べたといいます。その結果、どんどん太り、一〇キロ近く体重がふえてしまいました。特にカルピスとコーラが好きで、毎日飲まなければ気がすまないほどでした。

その時のことを話しながら、春子さんは、お腹《なか》をかかえて大笑《おおわら》いしました。買いまくり、食べまくっていた、かっての自分を思いだしたのでしょう。この時期に一生分の甘《あま》いものを食べたのかもしれない、とも言いました。その証拠《しょうこ》に、今は、ほとんど、甘いものを口にしません。食べないようにしているのではなく、ほしくないのだといいます。そして、ふしぎがりました。どうしてあんなにも甘いものばかりが食べたかったのかしら、と。

当時の写真を見せてもらいましたが、たしかに、現在の春子《はるこ》さんよりは、かなりふっくらとしています。けれど、春子さん本人が、まんまるだと言って笑《わら》った写真の中の顔は、むしろ、あどけない幼《おさ》な子のような印象《いんしょう》で、せつなく胸《むね》をうちました。

勉強も、もちろん、がんばっていました。数学と理科が好きな科目でした。とくに理科は、実験《じっけん》になると張り切りました。

今、春子さんは、清掃《せいそう》のための八〇種類以上の洗剤《せんざい》を、あれこれと組み合わせたりして使いますが、まさに理科の実験好きが生かされていると言えます。きちんとした知識《ちしき》がなければ、洗剤同士が反応しあって、危険《きけん》なガスを発生させたりするからです。

「高校時代は、ほんとうに楽しかったのよ。勉強と仕事を両立させていた自信があったし。どちらも、一生懸命《いっしょうけんめい》できたのは、若かったからかしら。がむしゃらだったかな……。学年旅行などもあってね。いろいろな所へ行けたわよ。佐渡《さど》とか、箱根《はこね》とか……。楽しいことが多かったわね。……でも、ひとつだけ、いやなできごとがあったの」

晴《は》れ晴《ば》れとしていた春子《はるこ》さんの眉《まゆ》が、くもりました。

そのできごととは、どんなことだったのでしょう。

まだ、高校へ通いはじめて間もないころのことです。

教室の春子さんの椅子《いす》の上一面に、画びょうが並《なら》べられていました。

高校の卒業写真

「針《はり》を上にして、びっしりの画びょう……。一瞬《いっしゅん》、何が起こったのか、わからなかったの。でも、すぐ、これはいじめだとわかったわ。わたし、画びょうをひとつ、つまんで、『ダレ！　これ、ダレ！』と叫《さけ》んでいたの。だれも、何も言わないの。もう、カーッとなってね。その画びょうを、全部、先生の机《つくえ》の上に、同じように並《なら》べたの」

春子《はるこ》さんの目に、涙《なみだ》がうっすらと、うかびました。

椅子《いす》の画びょうを全部集めて、それをひとつひとつ先生の机の上に並べている春子さんの、その時の心の中を想像してみてください。

ひとりぼっちで、どれほどの絶望感《ぜつぼうかん》のなかにいたことでしょう。

しかも、中国でいじめられた苦《にが》い経験《けいけん》があるのです。あの時のように何年も続いたらどうしよう、という恐怖《きょうふ》。自分の考えをきちんとまとめて話す、ということは、まだできないころでしたから、なおさらこたえました。

「先生が来て、その机の上の画びょうを見たの。だれがやったの？　と言ったのよ。わたしは手をあげて、自分の椅子を指さしながら、『ここにあったから！』

と答えたの」

春子《はるこ》さんは、くちびるをかみしめました。

先生はそのことについて、クラスメートに問いただすことはありませんでした。

「先生には、こんなことは、はずかしい行為《こうい》だと言ってほしかったのね。でも、なんにも言ってくれなかったわね。なにひとつね。だけど、そのあと、そんないやなことはなくなったの。それ、一回きり。……中国のころのようにいじめは長く続かなかったの。だから、ほっとしたけれど……」

そのできごとは、春子さんの心の奥に、深くて暗い沼《ぬま》のようによどんだまま、ずっと消えてはくれません。

「いじめは、絶対《ぜったい》やってはいけないわ。いじめを見ているのに、知らんふりするということも、いけないことよ。たしかに、声をあげるって、むずかしいことだけど……。でも、見たことを、だれかに相談《そうだん》することはできると思うのよね。それから、いじめられている人に、さりげなく話しかけるとか……それだけで、その人は救《すく》われることもあるわけよ……。いじめって、どうしてなくならないんでしょうね」

リーベンクイツと言われて泣いた日々。中国人は帰れと言われてなやんだ日々。それらを乗り越えたはずの春子《はるこ》さんでさえ、その時のことを思い出し話すことは、今でもやはり、心おだやかとはいかないのです。

いじめは、そんなにも、心を傷《きず》つけるものだということです。

9. 運命《うんめい》の出会い

高校を卒業した春子《はるこ》さんは、音響機器《おんきょうきき》のメーカーに正社員として就職《しゅうしょく》しました。この期間も、会社の終わった夕方から夜まで、そして、日曜・祝祭日《しゅくさいじつ》にも、清掃《せいそう》の仕事を続けていました。三六五日、休みなく働《はたら》いていたのです。休日だからといって、家でのんびり過《す》ごす生活は、かえって落ちつきませんでした。それに、そのころお姉さんとふたりで、都内にマンションを借《か》りたので、なにかと物入りだったということもあったそうです。

音響機器メーカーでは、ヘッドホンなどの組み立て作業がおもな仕事でした。細かな機器の組み立て作業は、温度や湿度《しつど》を低く設定《せってい》した中で行われます。常《つね》に、エアコンが作動していました。春子さんは、そのエアコンの冷気《れいき》で、すっかり体調をくずし、頭痛《ずつう》、肩《かた》こり、腰痛《ようつう》になやまされはじめていたのです。しかも、その年の夏の暑さときたら異常《いじょう》なほどで、エアコンはうなりをあげ、春子《はるこ》さんはどんどん元気をなくしていきました。そのような時にも、清掃《せいそう》のアルバイトで体を動かしていると、全身のコリがほぐれていくのがわかりました。――体を動かすことのほうが、自分には向いている――と真剣《しんけん》に考えはじめるようになっていました。

そんなある日、両親の家に行く途中《とちゅう》のビルの前にある掲示板《けいじばん》に気づきました。細かい文字が書いてあります。いつもなら、通りすぎるはずなのに、春子さんの足が止まりました。掲示板に張ってあった写真に引きよせられたのです。それは、ポリッシャーとよばれている、床《ゆか》をみがく清掃道具の写真でした。

「あら、ポリッシャーの写真だわ。もしかしたら、ここは、清掃を教えてくれるところなのかしら」

写真の横の細かい文字も、じっくりと読んでみました。すると、そこは、職業《しょくぎょう》訓練校《くんれんこう》（現《げん》・能力開発《のうりょくかいはつ》センター）で、細かい文字は、半年に一度の生徒募集《せいとぼしゅう》のお知らせだということがわかりました。

たくさんの科に分かれていましたが、春子《はるこ》さんの目は、『衛生管理科《えいせいかんりか》』という文字をとらえていました。

「これだ！」

体中に電気が走ったようでした。その科こそ、清掃《せいそう》に関することを学べるところだったのです。迷《まよ》っていた時に、「どんぴしゃの募集《ぼしゅう》」でした。それも、いつもだったら通りすぎるところで、ふいにポリッシャーの写真に気づいて、立ち止まったのです。「運が向いてきた！」と思いました。その時に足を止めていなかったら、清掃を専門《せんもん》に教えてくれる学校があるなんて、ずっと知らずにいたはずだと、春子さんは思っています。

そして、すぐに建物《たてもの》の中に入り、『衛生管理科』の教室をさがしました。受付けで申しこみをするということを、この時はまだ知らなかったからです。『衛生管理科』というプレートの下がった教室は、ほどなくみつかり、春子さんはドキドキしながらドアをノックしたのでした。中には、大嶋洋司《おおしまようじ》さんという先生がいました。

「わたし、この学校に入学したいんです！」

春子《はるこ》さんはいきおいこんで告《つ》げました。

ところが、当時、入学には、四五歳《さい》以上という年齢制限《ねんれいせいげん》があったのです。清掃という仕事を学ぼうと考える若い人が少ないというのが、年齢制限の理由《りゆう》のひとつでした。二三歳《さい》の春子さんには、入学の資格《しかく》さえないのでした。ふつうは、ここであきらめます。しかし、春子さんは、そうではありませんでした。

「どうしても入学したいんです。四五歳以下だけど、清掃《せいそう》をしっかり学びたいんです」とねばり続けたのでした。大嶋《おおしま》先生は、おぼつかない日本語で必死《ひっし》に想《おも》いを伝えようとしている春子さんの姿《すがた》に、真剣《しんけん》に向きあい、じっくりと耳を傾《かたむ》けてくれたのです。そして、うまいぐあいに事《こと》が運ぶようにと、親身《しんみ》になって知恵《ちえ》をしぼってくれたのでした。春子さんのひたむきな姿は、大嶋先生をはじめ、たくさんの人の心を打ちました。

日本に帰国してから何年も清掃の仕事をしていることや、正社員として勤《つと》める会社を辞《や》めてまでも入学したいという熱意《ねつい》、そして帰国子女《きこくしじょ》という生《お》い立《た》ちも有利《ゆうり》にはたらいて、とうとう入学が認《みと》められたのです。

三年五カ月もの間、正社員として働《はたら》いていた会社を辞めることは、さびしくなかったといえば、うそになります。なぜなら、春子《はるこ》さんは、その会社で、人生の伴侶《はんりょ》となる人とめぐりあっていたのです。

「会社を辞めたからといって、彼に会えなくなるわけじゃないけど、でも、わたしのほうからプロポーズしたのよね。今は無理《むり》だけど、そのうち結婚《けっこん》してくださいって」

と、はにかみながら、打ちあけてくれました。

春子さんは、よく「思い立ったら突っ走《ぱし》るのが、わたしなの」と、自分を語ります。プロポーズも、清掃《せいそう》を学ぶ職業訓練校へも、きっと、突っ走ったにちがいありません。

一九九四年、一〇月。春子さんは、念願《ねんがん》かなって職業訓練校《しょくぎょうくんれんこう》の『建築物衛生管《けんちくぶつえいせいかん》

理系《りけい》　ビル衛生管理科《えいせいかんりか》』に入学することができました。そして、この学校で、今の春子《はるこ》さんを決定づける恩師《おんし》と出会うことになるのです。

鈴木優《すずきまさる》さん。『清掃《せいそう》の神様《かみさま》』とよばれていた人でした。

訓練校《くんれんこう》の『衛生管理科』には、三〇名の受講生《じゅこうせい》がいました。ほとんどの人たちが四五歳《さい》以上であり、ビル清掃の初心者でした。

鈴木優先生は、ビル清掃に用《もち》いる清掃道具の種類、使い方、その道具を使っての実際の清掃の仕方《しかた》など、基本的《きほんてき》なことから、細かい技術的《ぎじゅつてき》なことまでを、半年かけて、ていねいに教えてくれました。これから、ビル清掃を仕事にしようと考えている人たちが知らなければならないことの数々でした。

春子さんは、日本に帰国してから、ずっとビル清掃を続けていましたから、じつは自信をもっていました。

しかし、鈴木先生の教えは、それまで見よう見まねで続けていた清掃とは、少しちがいました。清掃《せいそう》道具の動かし方ひとつにも、なぜ、この動きが最も良いと考えられるのか、という具体的《ぐたいてき》な教えがありました。

鈴木《すずき》先生に習ったように道具を動かし、ホコリを取り、床《ゆか》をみがきました。春子《はるこ》さんの体にも頭にも、鈴木先生の教えてくれることがスーッと入りこんでくるのがわかりました。

なによりも、洗剤《せんざい》に対する知識《ちしき》を、理論的《りろんてき》に習ったことは、おどろきだったといいます。中性《ちゅうせい》、アルカリ性、酸性《さんせい》という三種類の洗剤を使い分けて、よごれに応じてそれぞれの洗剤の濃度《のうど》を決めていくということが、数字できっちりと示《しめ》されたからでした。それまでは、適当《てきとう》だったといいます。十何社という清掃会社で仕事をしましたが、正しい知識《ちしき》をもち、春子《はるこ》さんを教え、導《みちび》いてくれた人は、だれもいませんでした。

プロの使う洗剤は強力で、清掃する場所――天井《てんじょう》、壁《かべ》、床《ゆか》――がどんな材質でできているかによって、水かお湯でうすめる割合《わりあい》が変わるのです。

たとえば、床が木材で張ってあるか、合成樹脂《ごうせいじゅし》で張ってあるか、あるいは、木材であっても無垢《むく》の木か、集成材《しゅうせいざい》か、などによって、洗剤《せんざい》の割合《わりあい》が変わりました。木材の床《ゆか》に、小さな子どもの喜びそうなシールなどが貼《は》ってある場合は、床と同じ洗剤では、めくれてはがれてしまうおそれがありました。

「洗剤を『○○性』という種類で覚《おぼ》えなさいと習ったの。そうすれば、どこのメーカーで作られたものでも、使えるようになりますよって。ほんとうにそうだったわね。だって、清掃《せいそう》する会社ごとに使う洗剤のメーカーがちがったから。洗剤のうすめかたも、適当《てきとう》ということは絶対《ぜったい》にしなくなったし。学校で割合を教わるまでは、知らなかったんですからね。これは、とても大きなことでした」

と、うれしそうに言いました。

清掃のときに出る廃棄物《はいきぶつ》のことも、初めて知りました。ふつうのゴミとして出せないものもあるのです。清掃の歴史や、ビルの構造《こうぞう》、電気関係、衛生面《えいせいめん》のこと、また、清掃するときの作業計画も、きっちりと学びました。

「それまでも、作業はできていたけど、そこに計画という考え方が加わることで、

1994年、春子《はるこ》さんは職業訓練校《しょくぎょうくんれんこう》のビル衛生管理科《えいせいかんりか》に入学した。
写真は、学園祭でいろいろな洗剤《せんざい》を売ったときの様子《ようす》。

自分で見通しを立てるというか……上の人に言われたことしかしなかったのに、方法を考え、工夫《くふう》もできるようになっていったのよ」

清掃《せいそう》のおもしろさを感じはじめて、訓練校《くんれんこう》に入学したのでしたが、どんどんその奥深《おくぶか》さを知ることになりました。

半年間のコースを修了《しゅうりょう》すると、一〇〇パーセントの就職率《しゅうしょくりつ》でしたが、春子《はるこ》さんは迷《まよ》っていました。何を基準《きじゅん》にして会社を選んだらいいのかが、わからなかったからです。まだ、言葉も不自由で、ものの見方《みかた》も確かではありませんでした。

クラス担任《たんにん》でもあった大嶋《おおしま》先生に相談《そうだん》すると、迷っているなら羽田空港《はねだくうこう》を清掃している会社はどうですか、勉強になりますよ、と、アドバイスがありました。

「羽田……」

考えてもいなかった場所でした。けれど羽田なら、どこよりも絶対《ぜったい》に清掃の勉強ができるはずでした。なぜなら、そこは鈴木《すずき》先生の勤務先《きんむさき》でもあったからです。

春子さんの迷う気持ちが、この時、すっきりとふっきれました。

——羽田《はねだ》の清掃《せいそう》会社で働《はたら》きたい！——

そして、『突《つ》っ走《ぱし》り』ました。

「鈴木《すずき》先生の勤《つと》めている会社で、わたしをやとってもらいたいんです」

心をふるい立たせて、鈴木先生に交渉《こうしょう》しました。

ところが、鈴木先生の答えは、そっけないものでした。

「ウチの会社は、募集《ぼしゅう》していませんし、仮に募集をしたとしても、女性は……いりません。男性だけです」

その言葉は、春子《はるこ》さんの負《ま》けん気《き》に火をつけました。

「どうして、女性はいらないんですか！　もしかしたら、男性のように働けないと思っているからですか？　わたしは、男性と同じ仕事をしますから、入れてください！　お願《ねが》いします」

必死《ひっし》にうったえていました。

「……それなら、考えてみましょう」

と、この時も、あまり気のない返事だったといいます。

しかし、数日後、

「○日の×時に、面接《めんせつ》にいらっしゃい」と、言ってくれたのです。

指定された日に出かけた春子《はるこ》さんに、鈴木《すずき》先生は、会社の中のことを説明するばかりでした。

「……あのう……いつ、面接してくれますか？」

と、おそるおそる質問《しつもん》をする春子さんに、

「それは、この間、終わっています。あなたは、採用《さいよう》です……といっても、三カ月間は見習《みなら》いですが……。あとは、あなたの働《はたら》きしだい」

というではありませんか。

「えっ！　ほんとうですか！　がんばります！」

春子さんは、叫《さけ》ぶように言っていました。春子さんが、がんばらないわけがありません。

このあと、すぐに準《じゅん》社員となり、ほどなく正社員になりました。

10. 挑戦《ちょうせん》

春子《はるこ》さんの羽田空港《はねだくうこう》での生活が始まりました。二五歳《さい》の春のことです。

若い女性が、すでに十何社もの清掃《せいそう》会社でキャリアを積んでいたことも感心されましたが、清掃の神様《かみさま》と言われるほど、清掃業界で尊敬《そんけい》されている鈴木《すずき》先生に、どうやら自分で交渉《こうしょう》して入社したらしいということが、羽田の清掃チームの間で大評判《だいひょうばん》になっていました。

それればかりか、「女性はいりません」と断《ことわ》った鈴木先生が、まるで自分のことでも自慢《じまん》するように、「今度入ってくる人は、すごくできるよ」と、うれしそうに仕事仲間たちに話していました。鈴木先生の期待《きたい》のほどが、うかがわれるというものです。

春子さんは、清掃に対するバッグンのセンスをもっていたと思われます。そして、目標を決めて努力する人でもありました。才能《さいのう》と努力をあわせもつ春子《はるこ》さんを、『清掃の神様《せいそう　かみさま》』が見のがすわけはありません。まさに自分のあとをまかせられる『弟子《でし》』を、鈴木《すずき》先生は「見つけた！」と思ったのではないでしょうか。きっと、そのように思いながらも、春子さんの『やる気』を見きわめるために、あのような対応《たいおう》をしたのでしょう。

入社して翌年《よくとし》の春、ビルクリーニング技能士《ぎのうし》という資格《しかく》に挑戦《ちょうせん》しました。これは国家資格で、当時は、職業訓練校《しょくぎょうくんれんこう》で清掃を学ぶか、五年以上清掃の仕事を続けていなければ、受験は認《みと》められていませんでした。

春子さんは、訓練校でも学び、すでに九年というキャリアを積んでいました。そして、筆記試験《ひっきしけん》と実技試験《じつぎ》をそれぞれクリアし、みごと、ビルクリーニング技能士の資格を取得《しゅとく》したのです。

「初めての資格だったの。しかも、国家資格でしょ。合格証書には、田中春子と名前があったの。それを見ていたら、これまでのことが思い出されて、涙《なみだ》があふれたわ。うれし涙って、いいものよね。

……わたしは、中国では中国人として認《みと》めてもらえなかったし、日本でも長い間、日本人として認めてもらえなかったでしょ。どうしたら認めてもらえるのだろうと、ひとりでずいぶんなやんだ時代があるのよ」

とほうにくれた若いころの春子《はるこ》さんが、ふとかいま見えたように思いました。

「……でも、認めてもらいたい、と考えているだけじゃいけないなって、あるとき気づいたの。がんばって、何かを残さないといけないんだって。その先に、わたしの居場所《いばしょ》があるんじゃないかと思ったの」

――わたしの居場所――という言葉に胸《むね》をつかれました。一七歳《さい》で初めて帰国した日本は、きっと夢の国だったはずです。より良い人生を歩ませてくれるはずの国。しかし、期待《きたい》していた日本は、それほどやすやすと受け入れてはくれなかったということです。

この合格を境《さかい》に、すべての歯車《はぐるま》がかみあって進みはじめた、と春子《はるこ》さんはしみじみと思います。

「目標をもつ、ということが大事《だいじ》だと思うの。そして、それに向かって努力する。それが達成できたら、さらに次の目標を決める。

わたしの場合はね、目標を達成しようと思ったとき、ふつうの日本人と同じだけのレベルでがんばったのでは、何も残せないと思ったの。……そう、まず無理《むり》でしょうね。だからこそ、ほかの人の二倍も三倍も……何倍でもがんばろうと思ったのよ。自分の限界《げんかい》だと感じるところまで！　生きている間に、そこで過《す》ごした証拠《しょうこ》を形で残したいの。生きたあかしというものをね。もし、うまくいかないときがあっても、一生懸命《いっしょうけんめい》、コツコツ努力してやっていると、いつか身についているのよね。あきらめずに、やるの。だれのためでもないわ。自分自身のためにやるのよ」

と、言いました。

この言葉の通り、春子さんは、かかげた目標を、ひとつひとつクリアして自分のものにしていくのです。

羽田《はねだ》の清掃《せいそう》会社に入社してから、二年の月日が流れていました。まだ二七歳《さい》の若さでありながら、清掃のキャリアは一〇年という熟練者《じゅくれんしゃ》になっていました。

真剣《しんけん》に作業をしていたある日のこと。鈴木優《すずきまさる》先生から、ひとつの提案《ていあん》がありました。

「春子《はるこ》さん、『ビルクリーニング技能競技会《ぎのうきょうぎかい》』に出てみませんか。二年に一度、開催《かいさい》されていて、今回で五回目になります。東京大会を勝ちぬけば、全国大会に出場ということになります。今年は、大阪が全国大会の会場ですが、日本中から清掃にかけてはだれにも負けないという人たちが集まってきますよ。もし、春子さんが出場するなら、羽田からは初参加ということになります。どうですか、チャレンジしてみませんか」

その大会は、ビルクリーニング技能士という国家資格《こっかしかく》をもっている人だけに参加資格がありました。春子さんは、前年、その資格を取得《しゅとく》していましたが、鈴木先生の話を聞くまでは、そのような大会があることなど、まったく知りませんでした。

「その大会に出場すると、どんないいことがありますか」

「優勝《ゆうしょう》したら、賞金《しょうきん》が出ますよ」

「やります！」

賞金につられたのだと、春子《はるこ》さんは笑《わら》いました。しかし、鈴木《すずき》先生は、春子さんというう人のチャレンジ精神を見ぬいていたのかもしれません。

「やるからには、これから毎日、必死《ひっし》で練習しないといけませんよ。できますか」

鈴木先生は、春子さんの負《ま》けん気《き》を刺激《しげき》してきます。

「……まあ、とりあえず、がんばってみます」

春子さんは、笑いながら、そんなふうに答えました。

けれど、春子さんという人の辞書《じしょ》の中には、『とりあえず』という言葉はありません。『やると決心《けっしん》したことに対して、ほかの人の何倍も努力を続ける』、それだけがあるのです。そして、鈴木先生は、そのことも見ぬいていたのにちがいありません。

一九九七年八月、『ビルクリーニング技能競技会東京予選大会《ぎのうきょうぎかいとうきょうよせんたいかい》』が開かれました。

鈴木《すずき》先生の指導《しどう》を受け、自分の一〇年というキャリアを持って挑《いど》んだ大会でした。自信はあったはずなのに、結果は銀賞《ぎんしょう》（二位）でした。全国大会への出場は決定したものの、春子《はるこ》さんの気分は晴れません。

「いったい、どこが悪かったのだろう」

ずっと、そればかりを考えていました。しかし、全国大会は一〇月です。練習期間は、わずか二カ月しかないのでした。

「気持ちを切りかえて、がむしゃらに練習しよう。それだけに集中すると決めたの。ぐずぐず考えていて、立ち止まるのは、わたしには似合《にあ》わないもの」

全国大会へ向けて、仕事が終わってからの三時間を、毎日練習にあてました。

羽田《はねだ》の仕事場の中に、競技《きょうぎ》会場と同様《どうよう》に二〇平方《へいほう》メートルの作業コートとバックヤードが、練習場として作られました。バックヤードには、清掃《せいそう》道具が置かれて、ここでの作業も採点《さいてん》の対象となります。一〇センチほどの高さの幅木《はばき》（室内の壁下に張る横板）をぐるりと回して、四角形に作られた作業コートは、「室内」という想定《そうてい》です。

中には、テーブルと椅子《いす》がひとつずつ置いてあります。幅木や家具類《かぐるい》を傷《きず》つけることなく、七種類の清掃道具を用いて、清掃を競《きそ》います。時間はわずか二五分です。

「始めます！」

春子《はるこ》さんが右手をあげて、合図《あいず》をします。すばやく、手際《てぎわ》よく、清掃は進んでいきます。それを、かたわらで、鈴木《すずき》先生がじっと見ています。鈴木先生は無言《むごん》です。

「終わりました！」

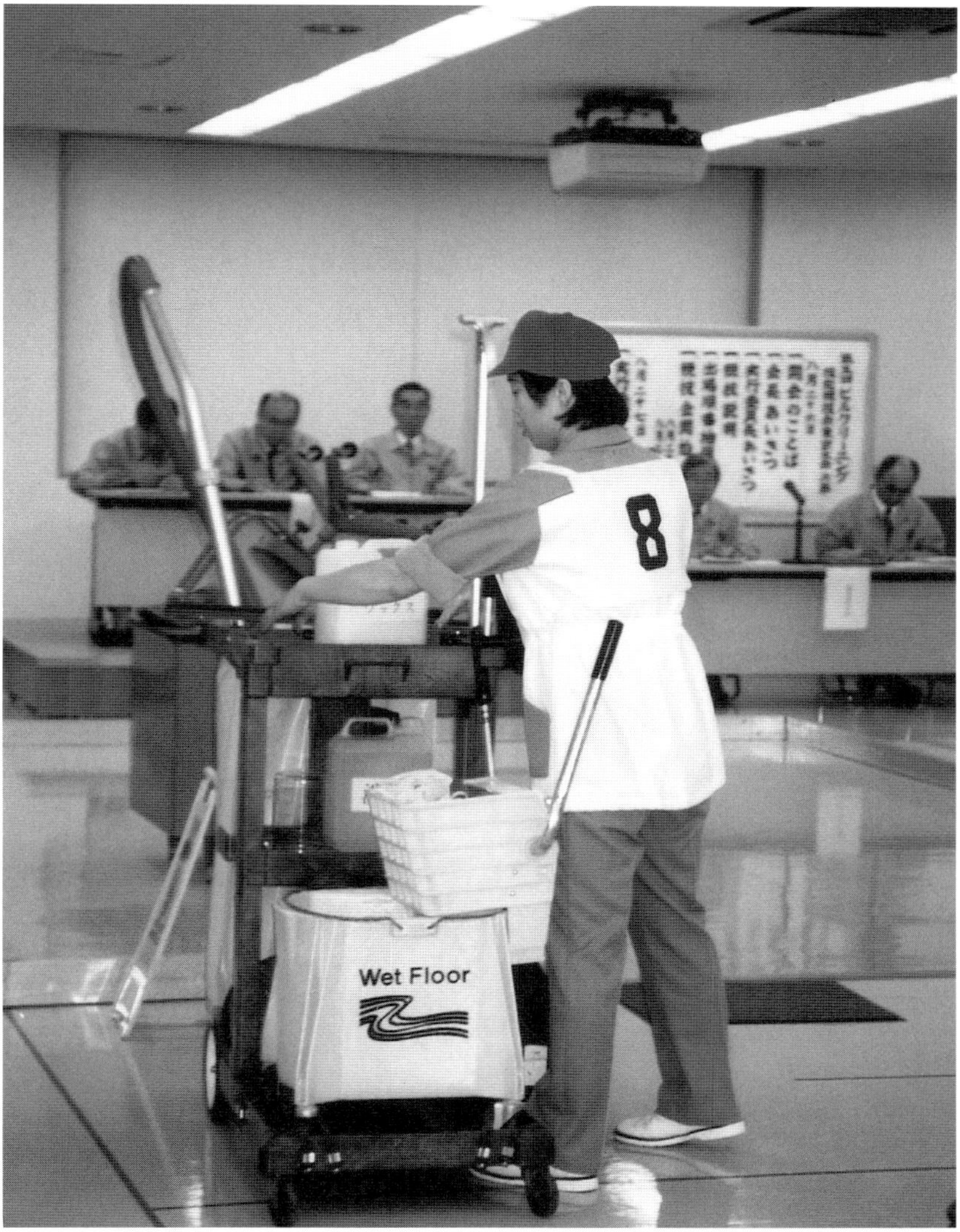

「ビルクリーニング技能《ぎのう》競技会《きょうぎかい》東京《とうきょう》予選《よせん》大会《たいかい》」の様子《ようす》（1997年8月）。
春子《はるこ》さんは2位となり、全国大会へ進むことになった。

二五分以内ですべての清掃《せいそう》を終え、春子《はるこ》さんは鈴木《すずき》先生を見つめます。

「……ポリッシャーをもう一度」

鈴木先生は、ポツリとそれだけ言います。ポリッシャーのどこが悪かったのか、どんなふうにしたらいいのか、そんな説明も指示《しじ》もいっさいありません。

春子さんは、ポリッシャーの所からではなく、一番最初の清掃道具をまとめるところから開始し、最後までやり通します。なぜかというと、二五分間の競技《きょうぎ》時間には、「流れ」というものがあるからでした。どの部分であれ、途中《とちゅう》からそこだけを取り上げてやり直すのでは、意味がないと考えたのです。

ひととおり終了すると、次は「モップをもう一度」と言われます。春子さんはまた、最初からくり返します。しかし、どんなにくり返しても、鈴木先生からはオーケーが出ません。

最初から最後までを、三度、四度、五度とくり返すうちに、腕《うで》がパンパンに張っていくのがわかりました。真剣《しんけん》な緊張感《きんちょうかん》が始めから終わりまで続く上に、扱《あつか》う清掃道具ときたら、どれもみな、重量《じゅうりょう》があったからです。床《ゆか》を洗《あら》うポリッシャーは三七キロ。吸水《きゅうすい》バキューム は一〇キロ。扇風機《せんぷうき》は四キロ。ダスタークロスやモップを取りつけるポールだけでも一キロ以上あります。しかも、重いだけでなく、すべての道具には、もち方、動かし方に決まりがありました。たとえば、ダスタークロスは8の字に動かさなければなりません。簡単《かんたん》に見えますが、手首だけでやろうとすると、ふり回されるだけです。きれいな8の字は、練習を重ねてやっとできるのです。

「でも、何度くり返しても、鈴木《すずき》先生からは合格点がもらえなかったの。こんなに練習をがんばっているのに、どうしてですかって、あるとき聞いたの。そしたら、『あなたの清掃《せいそう》には心がない』って。それだけなの。……心って見えないじゃないですか。心って、いったいなんなのって、わけがわからなかったわ、そのころはね」

春子《はるこ》さんは、懐《なつ》かしそうにふりかえりました。「心」という見えない壁にぶち当たり、それがいったい何ものなのか、自問自答《じもんじとう》をくり返し、追いつめられ、なやみ、自分を責《せ》めて、泣いた日もありました。

しかし、その「心」に関して、ひとつのヒントを得《え》るできごとがあったのです。大会の少し前の早朝のことでした。床《ゆか》のよごれを落としていると、「ありがとう。ごくろうさま」という声がします。春子《はるこ》さんはドキドキしました。これまで、春子さんのほうからお客さんたちに「こんにちは」「どうぞ」という声かけをしても、返事が返ってきたことがなかったからです。それが、「ありがとう」というお礼の言葉をかけてもらえたのです。うれしくて、「こちらこそ、お気づきくださって、ありがとうございます」と、自然ににっこりとほほえんでいました。

この時、やっと、鈴木《すずき》先生の言う「心」が少しわかったように思いました。それまでの春子さんは、自分の持ち場をきちんと清掃《せいそう》できていればいい、と思っていたのです。そして、自分の作業を完ぺきだと思っていました。しかし、それはひとりよがりの清掃でした。「きれいに清掃できているかどうかは、お客さまが決めてくれること」だったのです。

春子《はるこ》さんは、ようやく、そのことに気づいたのでした。
その場所を利用する人の気持ちになって、清掃《せいそう》しよう。
その場所に対しても、心をこめよう。
清掃道具には、毎日の感謝《かんしゃ》を忘《わす》れないようにしよう。
——そのような「心」に気づいたのです。

春子さんは、「体が勝手に動くように、体に覚《おぼ》えさせる」と決めて、二カ月もの間、休みなく練習を重ねてきました。東京大会の時の自分とはちがうことを、春子さん本人が一番感じていました。清掃の腕前《うでまえ》に加えて、今では大切な「心」を知ったからでした。

大会当日。
「ビルメンヒューマンフェア'97 in 大阪」という横断幕《おうだんまく》がかかげられた会場は、

ぎっしりの観客《かんきゃく》でうめつくされていました。

となりあったAコートとBコートのふたつが競技場《きょうぎじょう》です。それぞれのコートは、バックヤードと作業コートに分かれ、指定されたコートで競技を競《きそ》い合います。バックヤードには清掃《せいそう》道具が置かれていて、この中での態度《たいど》や清掃道具のあつかい方にも、審査員《しんさいん》は注目《ちゅうもく》しています。本来の競技は作業コートで競われますが、実は、バックヤードに入った瞬間《しゅんかん》から、競技は始まっているわけです。

春子《はるこ》さんのゼッケンは一二番。緊張《きんちょう》がつのります。

いよいよ、春子さんの番になりました。

一五人の審査員が見つめています。大きく深呼吸《しんこきゅう》をして、気持ちを落ち着かせ、Bコートのバックヤードに入りました。となりのバックヤードには、ゼッケン一一番の選手が入り、やはり緊張を解きほぐそうと深呼吸をしている気配《けはい》が伝わってきました。

（いつものようにやれば、だいじょうぶ）

春子さんは祈《いの》りをこめて、観客の前に立ちました。

【大会の競技内容《きょうぎないよう》】

① 清掃《せいそう》道具を一カ所にまとめる。（椅子《いす》をテーブルの上にのせる）

② ダスタークロスで、床《ゆか》をふきながら、ゴミに見立てたおがくずを集める。

③ 集めたゴミをちりとりで取る。

④ ポリッシャーを使って、洗剤《せんざい》で床を洗《あら》う。

⑤ 吸水《きゅうすい》バキュームで、ポリッシャーが残した洗剤を吸《す》い取る。

⑥ モップで水ぶきする。

⑦ ぬれている床を、扇風機《せんぷうき》で乾燥《かんそう》させる。（その間に、ポリッシャー、吸水バキューム、モップを片づける）

⑧ ワックスをかける。

⑨ ふたたび、扇風機で乾燥させる。（その間に、すべての清掃道具を一カ所にまとめる）

※ダスタークロス＝ホコリや髪《かみ》の毛を取る、不織布《ふしょくふ》をつけた清掃道具のこと。

※ポリッシャー＝モーターで円形のパッドを回転させて、内部のタンクの中に入っている洗剤液を出しながら、床をみがく機械のこと。

※吸水バキューム＝水を吸い取るための、大きなそうじ機のこと。

「始めます！」

右手をあげて、合図《あいず》をしました。

いつもと同じように、サッと体が動きます。ふるえてはいません。何百回もくり返した動きです。何も考えず、体の動きにまかせるだけです。

春子《はるこ》さんは、清掃《せいそう》道具を手に取りました。

――目を閉じても、きっとできるはず――。

練習の日々が頭をよぎりました。でも、それだけ。あとは無《む》の境地《きょうち》です。

ダスタークロスも、ポリッシャーも、吸水《きゅうすい》バキュームも、モップも、ワックスも、すべて迷《まよ》いのないスムースな動きをしました。やわらかく、大きく、けれど決して家具《かぐ》や幅木《はばき》に当てないように気を配《くば》り、心をこめます。

アン・ドゥ・トロゥ、アン・ドゥ・トロゥ。

ステップでもふんでいるかのような軽やかな足どり。

また、時には、氷上《ひょうじょう》をすべるスケーターのようななめらかな足さばき。

ピカピカの床《ゆか》にみがきあげ、すべての道具をていねいにまとめました。

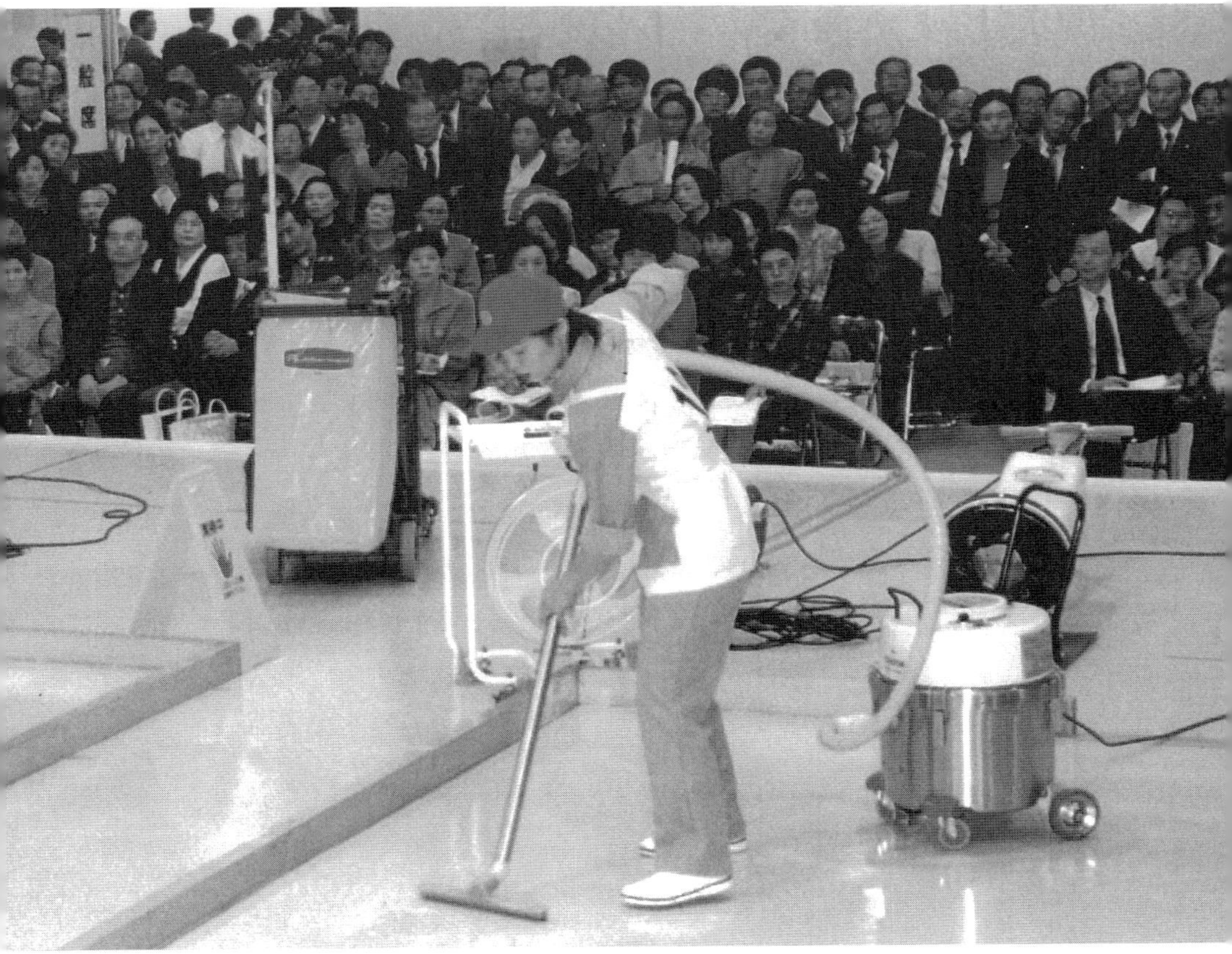

大勢《おおぜい》の観衆《かんしゅう》や審査員《しんさいん》に囲《かこ》まれる中で挑《いど》んだ、全国大会（1997年10月）。

「終わりました！」

二五分間の舞台《ぶたい》が終了したのです。

観客《かんきゃく》からは、ため息がもれました。割れんばかりの拍手《はくしゅ》、拍手、拍手。

「うまくできたかどうかは、自分ではわからなかったけれど、失敗《しっぱい》はしなかったという自覚《じかく》はあったの。でも、審査《しんさ》をする人たちが、どんなところを高く評価《ひょうか》するのか、どんなところが減点《げんてん》の対象になるのか、わからなかったから、本当に自信はなかったの」

結果は、優勝《ゆうしょう》でした。「労働大臣賞《ろうどうだいじんしょう》」という最高の栄誉《えいよ》に輝《かがや》いたのです。

二七歳《さい》という若さでの受賞ということも話題になりました。

競技《きょうぎ》のときには、冷静《れいせい》さを失《うしな》わなかった春子《はるこ》さんも、インタビューとなると、すっかりあがって、体のふるえが止まりませんでした。

優勝というすばらしい結果を、一番最初に知らせたい人は、もちろん先生である鈴木優《すずきまさる》さんでした。このとき、鈴木先生は、アメリカに出張中でしたから、すぐに国際電話をかけたのです。

「優勝《ゆうしょう》することはわかっていましたよ」

鈴木先生は、あたりまえのように言いました。

思いがけない言葉でした。一度も誉《ほ》めてくれたことなどなかったからです。

春子《はるこ》さんは、うれしくて泣きました。

「スピーディで、美しく、的確《てきかく》な清掃《せいそう》」は、プロとして求められるところです。清掃する道具のあつかい方もためされます。なぜなら、本当の職人というのは、自分の使う道具を大事《だいじ》にするものだからです。

しかし、そのような技術面《ぎじゅつめん》だけでは、よごれは落とせません。使う人に対してはもちろんですが、清掃する場所に対しても心を配《くば》るということが、大切なのでした。鈴木先生から、「くり返し」させられた練習は、実は、「思いやる心」を教えてもらっていたのだと、春子さんはやがて気づきはじめたのでした。清掃のプロとして、「技《わざ》」と「心」の両面が高く評価《ひょうか》されての優勝《ゆうしょう》だったと言えます。

この大会のあとで、春子《はるこ》さんは結婚《けっこん》し、田中《たなか》春子から新津《にいつ》春子になりました。

以前、自分からプロポーズした人とです。

春子さんは、もし優勝できなかったら、結婚も先のばしにする覚悟《かくご》だったといいます。それはどういうことでしょうか。

「日本人としての一歩をふみ出した時の大切な名前である『田中』を、優勝することで残したいと考えていたの。だって、女の人は、結婚すると名字が変わってしまうでしょ。だから、なんとしても、結婚前の『田中春子』の時に優勝したいと決心《けっしん》していたの」

この大会で、『田中』を残せなかったら、次の大会をめざすつもりだったということでした。

しかし、次の大会は二年後です。結婚という夢もかかっていたわけですから、春子さんは必死《ひっし》でした。心に念じ、自分を信じ、ただひたすらに努力を続けて、勝ち取った優勝でもありました。

みごと全国大会で優勝《ゆうしょう》をかざった春《はる》子《こ》さん。最年少での優勝記録となった。

大会の祝賀会《しゅくがかい》にて、鈴木《すずき》優《まさる》先生から花《はな》束《たば》を受け取る春子さん。

11. たくさんの仕事の顔

春子《はるこ》さんが入社したころの羽田空港《はねだくうこう》の清掃《せいそう》チームは、女性の働《はたら》きにくい職場だったと、春子さんはふりかえります。

当時、女性の清掃スタッフは、男性の清掃スタッフの補助《ほじょ》をする、と考えられていたのです。たとえば、脚立《きゃたつ》にのぼって天井《てんじょう》の清掃をする男性の下で、天井から落ちるホコリの清掃をするのが女性の役割《やくわり》でした。年は若くても、十何社という清掃会社で働いた経験《けいけん》をもつ春子さんですが、こんなことは初めてでした。

春子さんは、そのような考えが納得《なっとく》できませんでした。なにしろ、たくさんのことを学べると考えたからこそ、羽田空港の清掃チームに入ったわけです。だから、どんどん、男性と同じように働こうとしました。ところが、男性の前を歩いただけで、「でしゃばらないように」とか、「女性はひかえて」という注意がとんでくるのでした。しかも、その声は、先輩《せんぱい》の女性から出たのです。

「これから先、そんなことでは困《こま》ることになると思って、鈴木《すずき》先生にかけあったのね。もともと、男性と同様《どうよう》に働《はたら》くと言って入社しているわけなんだから、わたしは。脚立《きゃたつ》にのぼったりすることって、まあ、危険《きけん》な作業なわけでしょ。だから、羽田《はねだ》ではそのような作業を女性にさせなかったらしいのね。危険な作業をしない、ということが、男性の職員に対する遠りょとなっていたのでしょうね。男性を立てる、というか……。

鈴木先生のオーケーが出たので、わたしはすぐに男性と同じ仕事をしたの。羽田ではわたしが初めてよ。でも、それからは、わたしのあとに続く女性たちが、どんどんあらわれましたからね」

若いころから、春子《はるこ》さんは『清掃《せいそう》の職人《しょくにん》』であると、自分のことを位置づけていました。職人とは、つまり、清掃のプロ、ということです。自分の手で、すべてのよごれを落としてこそプロであると考えていた春子さんにとって、男性と同じ仕事をするのは当然のことでした。春子《はるこ》さんは、小学校時代の砲丸投《ほうがんな》げのころから体を鍛《きた》えることを毎日の生活の中に組み入れています。今でも筋力《きんりょく》トレーニングを欠《か》かすことはありません。それが日々の積《つ》み重《かさ》ねとなって、春子さんの体を力強いものにしているのです。そのトレーニングは、スポーツジムに通うというような、特別なことではないらしいのですが、どんなことなのでしょうか。

「すごく、あたりまえのこと」と春子さんは言いました。

春子さんと歩いていると、ほとんどエスカレーターには乗らないことに気づきましたが、どうやら、答えはそこにあるようです。

「そう、階段を使うの」ということでした。羽田空港《はねだくうこう》には、五〇段もの長さの階段があちらこちらにあるのです。そこを踏《ふ》みしめ、上り下りします。確かに、すごいトレーニングになります。

それから、もうひとつ、こちらは意識的《いしきてき》に行う運動がありました。ダンベル運動です。それも、一個五キロものダンベルを、左右にひとつずつもち、顔の前で上下に動かすのです。足をふんばり、毎朝二〇分間続けます。この運動は、両腕《りょううで》

5キロのダンベルをもつ春子《はるこ》さん。オフィスでの筋力《きんりょく》トレーニングは欠《か》かせない日課《にっか》のひとつとなっている。

だけではなく、胸筋《きょうきん》、腹筋《ふっきん》、背筋《はいきん》を鍛《きた》えます。五キロのダンベルを片手でもつことは自体たいへんな重さなのに、もち上げるのです。しかも、二個同時に。おどろかされることばかりです。

今では、春子《はるこ》さんは、機動班《きどうはん》のメンバーでもあります。機動班というのは、特別の清掃《せいそう》をまかされている人たちのチームで、緊急《きんきゅう》を要する清掃のときは、すぐに連絡《れんらく》が入ります。

春子さんの着ている赤いユニフォームは、女性機動班メンバーの制服です。春子さんにとって、この赤いユニフォームこそが、プロの清掃職人に変身させてくれる仕事の色なのです。

「羽田《はねだ》に来て、この赤のユニフォームに着がえるでしょ。するとね、『さあ！仕事よ！』と思うんです。つまり、プロの清掃職人に変身させてくれる、仕事の色です。そして、わたしをふるい立たせてくれる色。だから、とっても大事《だいじ》な色です。どうしても、赤じゃないとダメなんです」

なるほど、注意して見ると、長い髪《かみ》をくるりと巻いてまとめているバレッタも、きらきらラメ入りの赤です。お化粧品《けしょうひん》を入れるポーチも赤でした。羽田《はねだ》に出勤《しゅっきん》するときの服装《ふくそう》も、どこかに必《かなら》ず赤が入っているということでした。ただし、清掃《せいそう》グッズを入れるウェストポーチだけは、清掃スタッフと同じ黒です。けれど、それはワンポイントとなって、赤のユニフォームをキリリと引き立てているのでした。

二四時間対応《たいおう》の会社のスマートフォンが鳴りました。

「はい、新津《にいつ》です。冷水機《れいすいき》……傷《きず》ですか？　場所は……。わかりました。すぐ向かいます」

清掃チームのメンバーがよごれを取ろうとして、冷水機のステンレスボールに傷をつけてしまった、という連絡《れんらく》でした。機動班《きどうはん》のメンバーの春子《はるこ》さんだからこその、緊急《きんきゅう》の電話です。

「どんな傷かは、見ないとわからないけど、考えられる傷を想定《そうてい》して、洗剤《せんざい》や清掃道具を選んでもって行こうと思うの」

駆《か》け足で倉庫《そうこ》に向かいます。毎日、一万七〇〇〇歩は歩いているという春子《はるこ》さんは、細く急な鉄の階段をものともせずに、タッタッタッと、駆けあがります。

向かった先には、スチール製の物置《ものおき》がありました。

「これは、わたしの洗剤《せんざい》の貯蔵庫《ちょぞうこ》よ。八〇種類以上はあるわね」

両開きの扉《とびら》をパンと開けると、中は四段に区分けされ、大小の洗剤の容器がぎっしりと、けれど、きちんと整理されてならんでいました。

「どれがいいかな。これと、これと、これ。あとは……これがあるといいんじゃないかな」

数種類の洗剤を選んで、小さな緑色のバケツに入れると、来たとき以上のすばやさで駆けおりました。

「どの程度《ていど》の傷《きず》かな……。ひどくないといいけど……」

よごれとちがって、傷はやっかいだと言いながら、どこかうれしそうな顔つきです。春子さんにとって、傷の修復《しゅうふく》もまた、挑戦《ちょうせん》であるらしいと感じます。腕《うで》が

ずらりとならんだ、たくさんの洗剤《せんざい》。よごれの種類や場所によって、どの洗剤が最適《さいてき》かを考えて選ぶ。

鳴る、というところかもしれません。

冷水機《れいすいき》に向かって、フロアを足早に歩きながら、ふいにピタリと足を止め、右足を軸《じく》にしてキューッとシューズごと、体を反転《はんてん》させました。フロアには、利用《りよう》客《きゃく》があふれています。そのような中での春子《はるこ》さんの動きに気づいた人は、たぶんいないのではないかと感じました。それくらい、小さな動きなのです。

「フロアに黒いよごれがあったの。シューズの底《そこ》のゴムが、表面的なよごれを取ってくれるの。応急処置《おうきゅうしょち》ね」

そう言ったあとで、スーッとしゃがみこみ、床《ゆか》をさわると、すぐにスマートフォンを取り出しました。

「第一ターミナル、南ウィング、○○店さんの前の床に、くすみがあります。油《あぶら》よごれのようですから、至急《しきゅう》、清掃《せいそう》お願《ねが》いします」

指示《しじ》している間も、春子さんの目は、広いフロアのいたるところを広範囲《こうはんい》に見まわしている様子《ようす》です。サッと椅子《いす》に歩みより、下に落ちている紙ゴミをひろいました。

広い海に魚を探す、魚群探知機《ぎょぐんたんちき》を連想《れんそう》してしまいました。

「アイヤー。これはひどいねぇ……」

冷水機《れいすいき》には、固いものでひっかいたようなギザギザした傷《きず》が無数についていました。水を飲もうとして顔を近づけると、その傷はくっきりと目立《めだ》ちます。困《こま》ったなと言いながら、春子《はるこ》さんは、いろいろな角度からその傷をチェックしています。

「ほら、上からの照明《しょうめい》がけっこう強いでしょ。この照明をさえぎるように立ったときに、ステンレスボールに自分の影《かげ》が映《うつ》るのよね。その影を、よごれとかんちがいしたんじゃないかと思うの」

そして、傷の深さをたしかめるために、指先でていねいにさわり、数枚の写真を撮《と》りました。

「では、やってみますね。うまくいくといいけど……」

『清掃中《せいそうちゅう》』というう黄色のサインボードを立てかけて、いよいよ作業に入ります。床《ゆか》には、よごれ防止《ぼうし》の黄色のシートを広げ、その横に、清掃のさまざまな道具を置きました。それらはすべて、春子《はるこ》さん愛用の清掃グッズです。中に数本、清掃道具とは思えないものがまじっていました。

「あっ、これね。歯医者《はいしゃ》さんの治療器具《ちりょうきぐ》よ。わたし、歯はじょうぶなんだけど、むかし、一本だけ虫歯《むしば》になってね。治療に通ったの。その時に、すごくいい道具だと思ってね。よごれをかき出すのに便利《べんり》なのよ。最高の道具よ。さすがに、よく考えて作られてるわ」

と、うれしそうに言いました。それは、スケーラーという歯石《しせき》を取る器具でした。治療中に、ピンときたといいます。

「わたしたち職人は、道具がないと清掃の仕事ができないの。だから、道具を選ぶことが重要ね。わたしの場合、その時の清掃に、選んだ道具がぴったり合っていれば、ほぼ一〇〇パーセント清掃ができた、と思うのよ」

話しながら、どんどん作業を進めていきます。

今、どのようなことをしているのかと質問《しつもん》してみましたら、研磨剤《けんまざい》でみがいている、という返事がかえってきました。

「傷《きず》は、本来、直せないのよ……。まして、これだけ深い傷を修復《しゅうふく》するということは無理《むり》なの。ただし、目立《めだ》たなくすることはできる。研磨するって、表面をけずり取って、そのあとで平らにみがくということよね。つまり、大きな傷をけずって、平らにするわけ。でも、その結果、小さな傷が無数についてしまうのね……。それしか方法がないので、しかたがないけど……。次は、もう一種類の研磨剤をつかいます」

言葉とはうらはらに、ウキウキとしている様子《ようす》がうかがえます。春子《はるこ》さんの想《おも》い描《えが》いている通りに、作業が進んでいるのでしょう。

ていねいな作業は続きます。いつのまにか、目の粗《あら》いスポンジから、メラミンフォームのスポンジに変わっていました。

「どう、だいぶ、目立たなくなったわよ。いいんじゃないの……。どうですか？」

満面《まんめん》の笑《え》みがこぼれます。ギザギザとした傷は、ほとんど目立ちません。しかし、これで終わりではないといいます。研磨《けんま》したばかりのステンレスボールのまわりに、透明《とうめい》ビニールの養生《ようじょう》シート（まわりをよごさないように保護《ほご》するもの）を立ちあげるようにつけました。

「ここからは仕上げよ。もう少し、なめらかにしたいのね。ツルツルに光らせたいというか。でも、この作業は、すばやくしないとステンレスがむしろいたむから。ともかくね、わたしでも緊張《きんちょう》するの」

無口《むくち》になって、洗剤と水を交互《こうご》に回しかけ、スポンジで洗《あら》い流す作業がしばらく続きました。水をふき取ったあと、かわいたタオルでたんねんにみがきあげると、どうでしょう、ギザギザの傷《きず》は消えていました。そればかりか、ピッカピカです。天井《てんじょう》のライトを反射《はんしゃ》してまぶしいくらいに輝《かがや》いていました。

「お客さまがお水を飲もうと、冷水機《れいすいき》に近づくでしょ。すると、お客さまのお顔が映《うつ》るわね。いいじゃない。想像しただけでうれしくなるわ」

春子《はるこ》さんのほほが上気《じょうき》しています。目も熱を帯《お》びて、ステンレスボールみたいに光っていました。そして、大活躍《だいかつやく》した愛用の清掃《せいそう》道具のよごれをぬぐい取り、静かな動作で手早くまわりを片付《かたづ》けて、終了したのでした。

春子《はるこ》さんは、羽田空港《はねだくうこう》で働《はたら》く清掃《せいそう》スタッフたちに、基本的《きほんてき》な清掃を指導《しどう》していま す。その結果、スタッフたちの清掃に対する意識《いしき》が、どんどん高まっているということです。

あるとき、指導の確認をする春子さんを見ました。指導する上での、自分なりの注意点の確認ということで、この日は、生徒役を男性職員がかって出てくれました。この人も、清掃チームの責任者《せきにんしゃ》という地位《ちい》にあります。

清掃のできる人同士の確認は、スムースに流れていきます。

「この場合の、ポリッシャーの角度については……」とか、「モップをかけているときには、下に下にとさがって、清掃したところをふまないように」など、清掃をしている人たちにとっては常識的《じょうしきてき》であるらしいことを、次々に確認していくのでした。しばらくすると、

「こんな感じで指導するんですけど、参考になりましたか?」

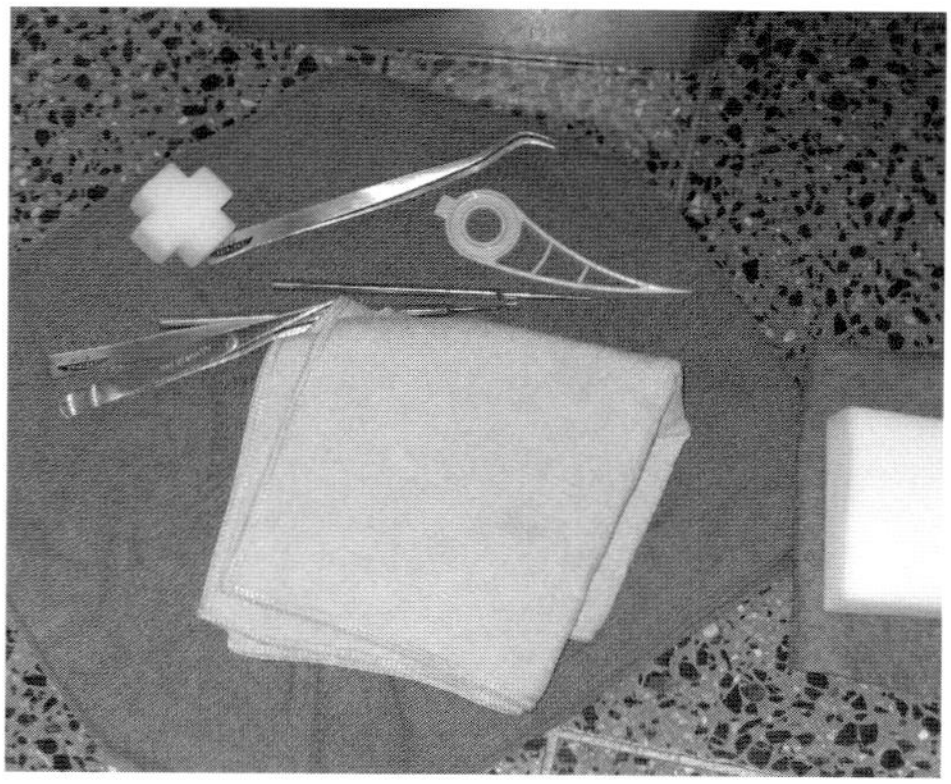

傷の状態《じょうたい》をイメージしながら
洗剤《せんざい》や道具を選ぶ。

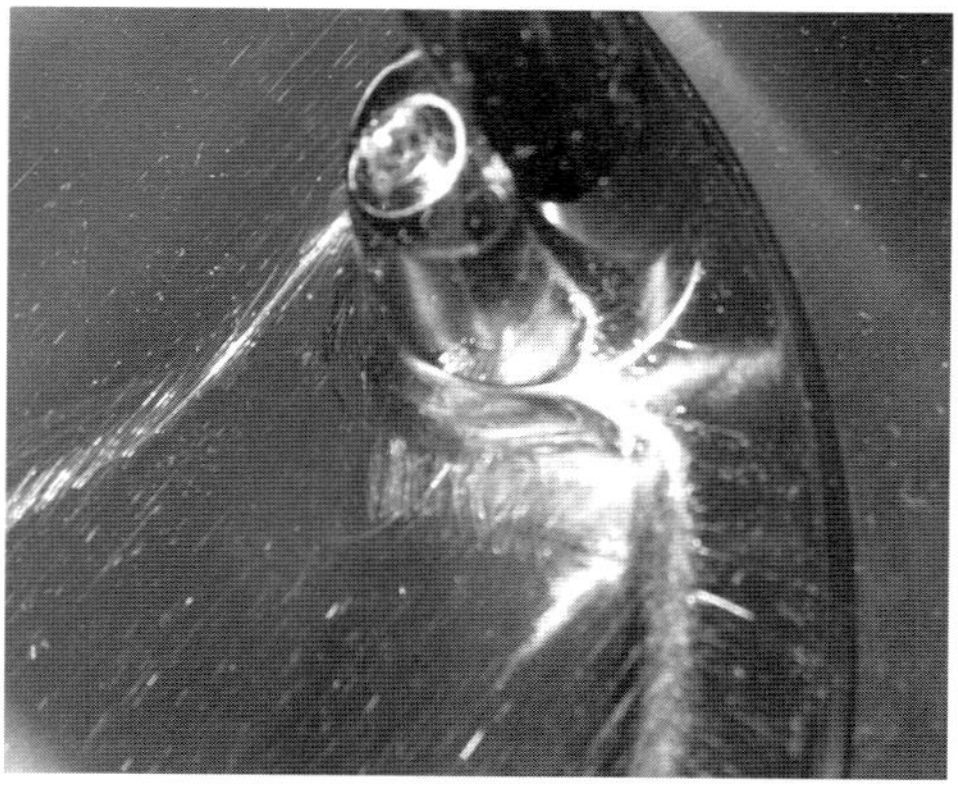

冷水《れいすい》機《き》の傷《きず》を修復《しゅうふく》することに。

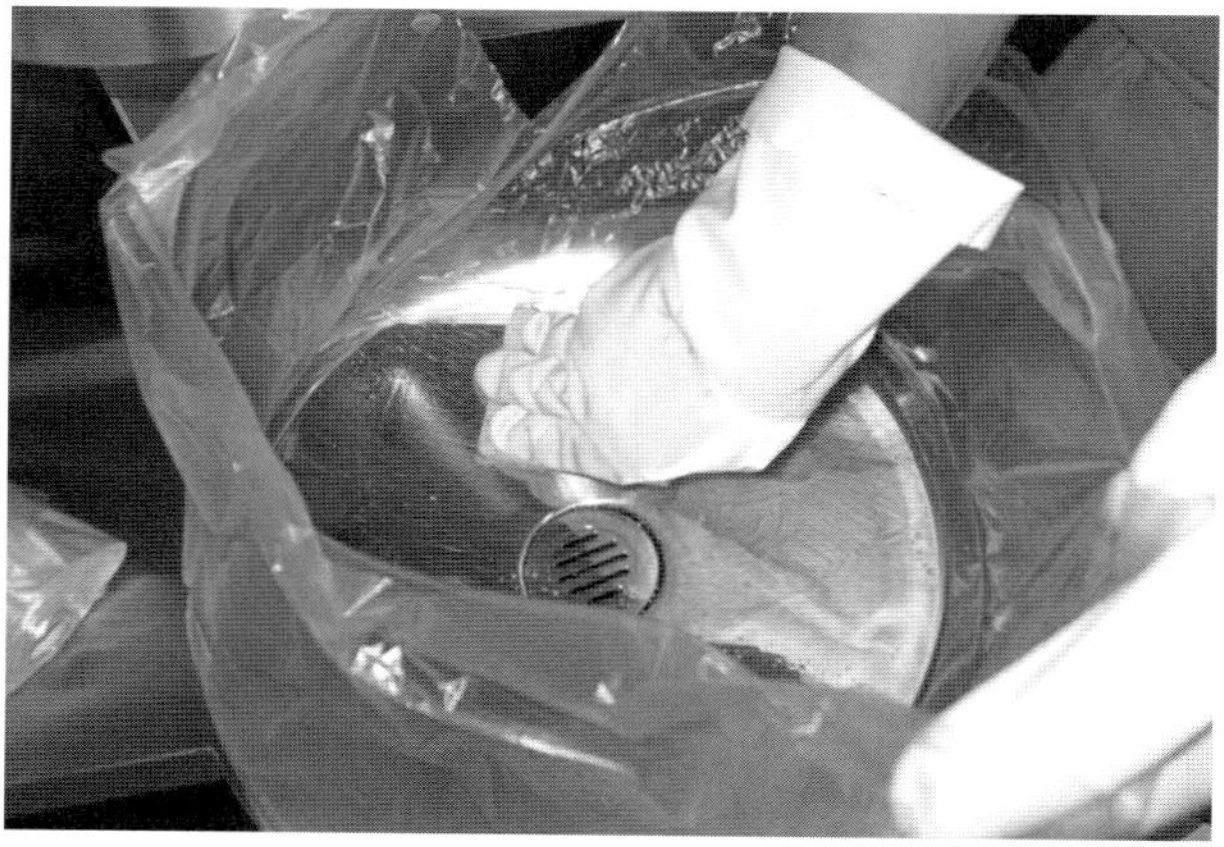

研磨剤《けんまざい》でみがいたあと、仕上げの洗剤が飛び散《ち》らないようビニールでおおい、水と洗剤を交《こう》互《ご》に回しかけながら手早く洗《あら》う。

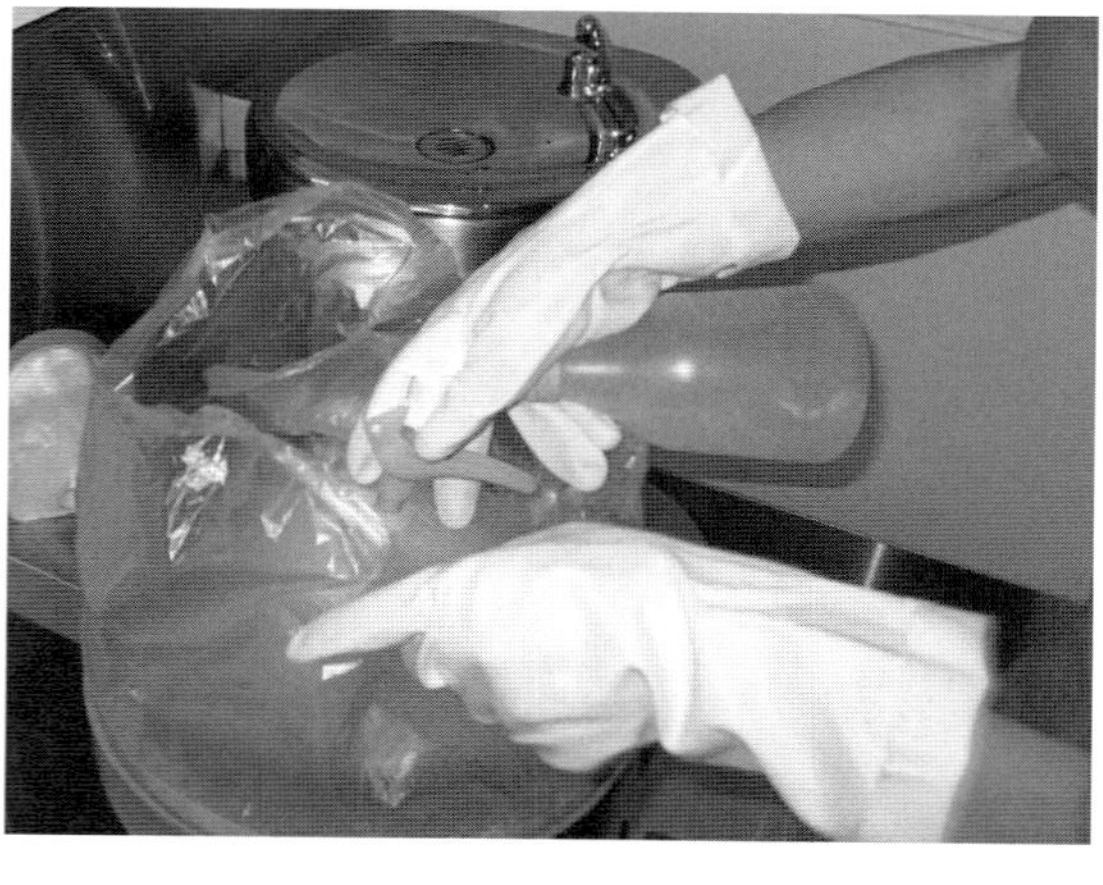

傷の修復は成功したが、それでは終わらない。春《はる》子《こ》さんは目《め》立《だ》たないよごれを落としはじめた。

飲み口の裏《うら》は、水あかがたまりやすいところ。歯ブラシのような道具を使えば、溝《みぞ》やすき間のよごれもきれいにみがくことができる。

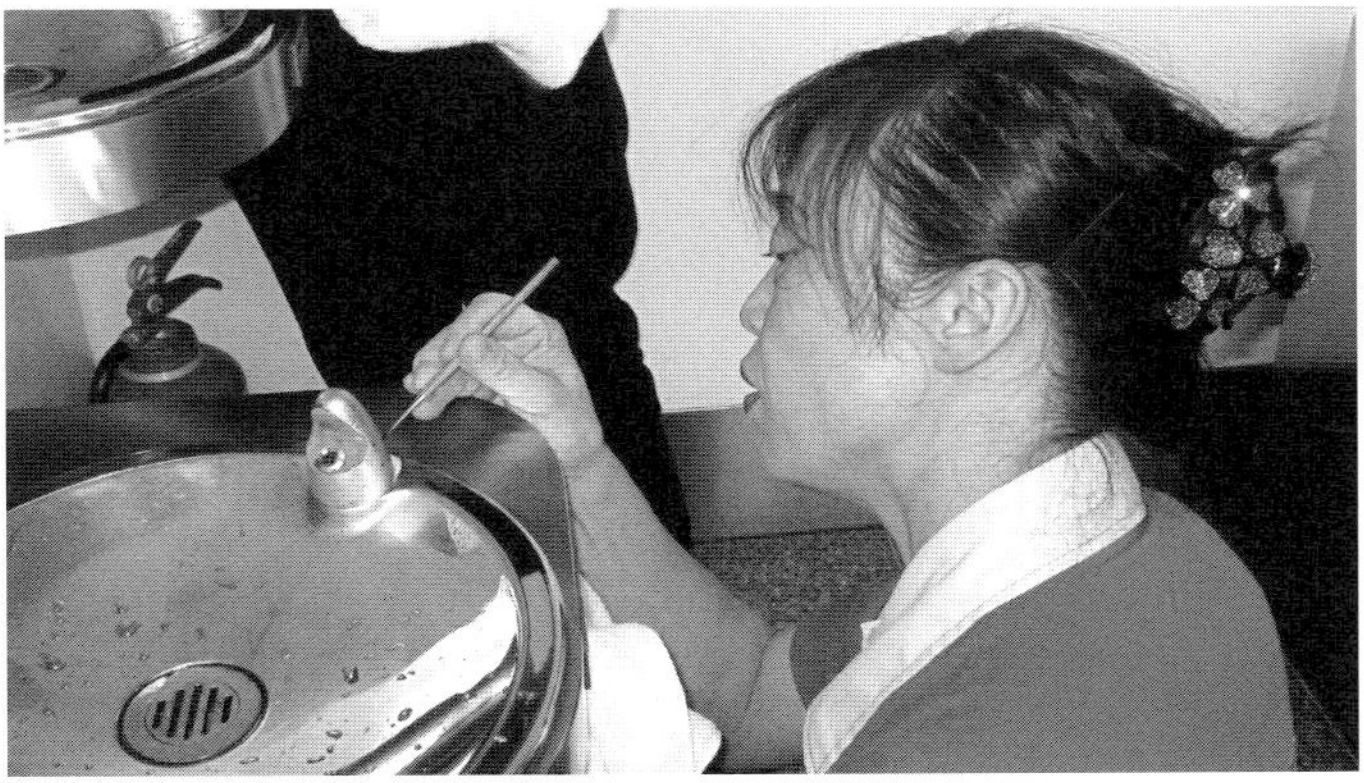

歯医者《はいしゃ》さんの使う器具《きぐ》で、傷《きず》をつけないように、ていねいによごれをけずり取る春子《はるこ》さん。

最後にキュキュキュッとからぶきすれば……

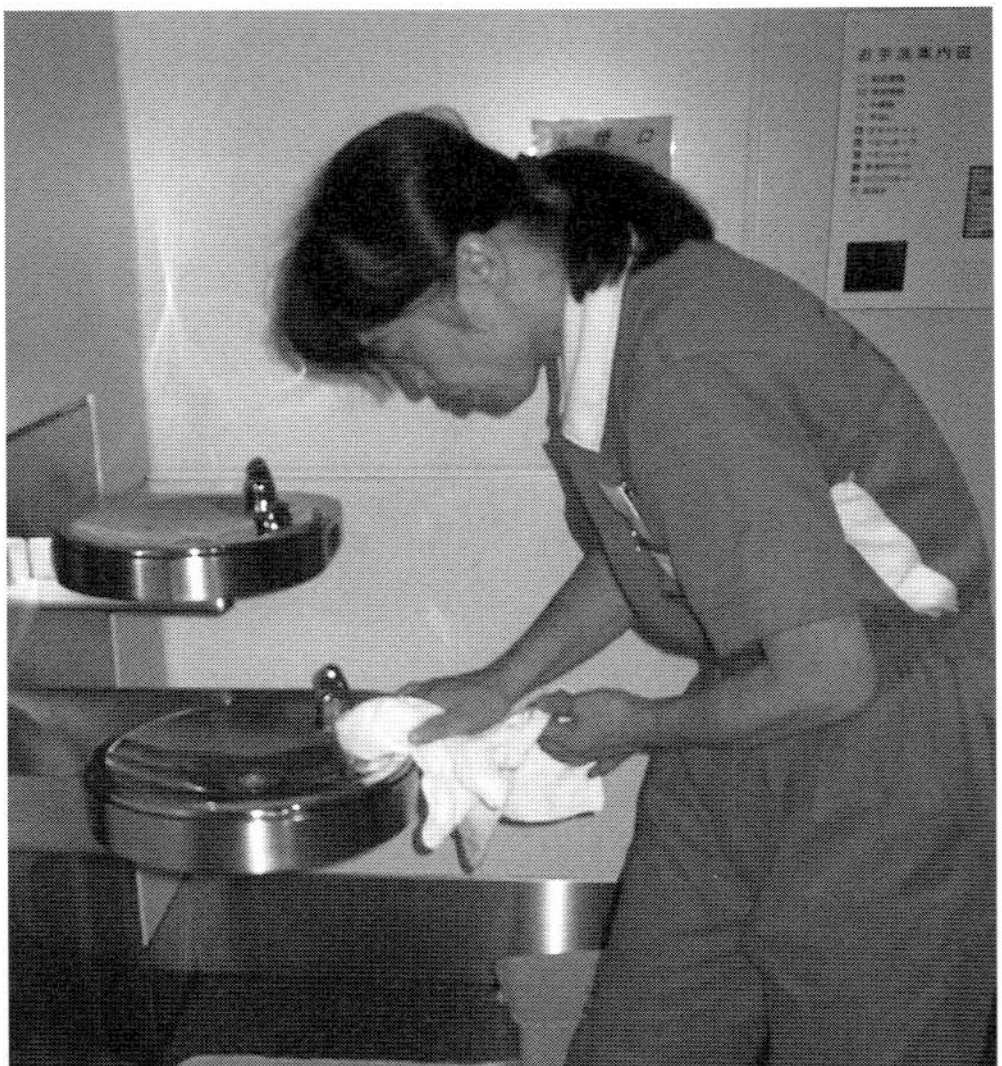

ほら、鏡《かがみ》のようにピッカピカ！

と、春子《はるこ》さんは言いました。ハッとしました。実は、指導者《しどうしゃ》としての春子さんを見たいと思っていたのですが、なかなかその機会はありませんでした。どうやら、わざわざ設定《せってい》して、指導者としての自分を見せてくれたようなのです。いそがしい合間をぬっての、そのような気づかいは、ほんとうにうれしいものでした。

別の日には、女性トイレに設《せっ》置《ち》されている、赤ちゃんのおむ

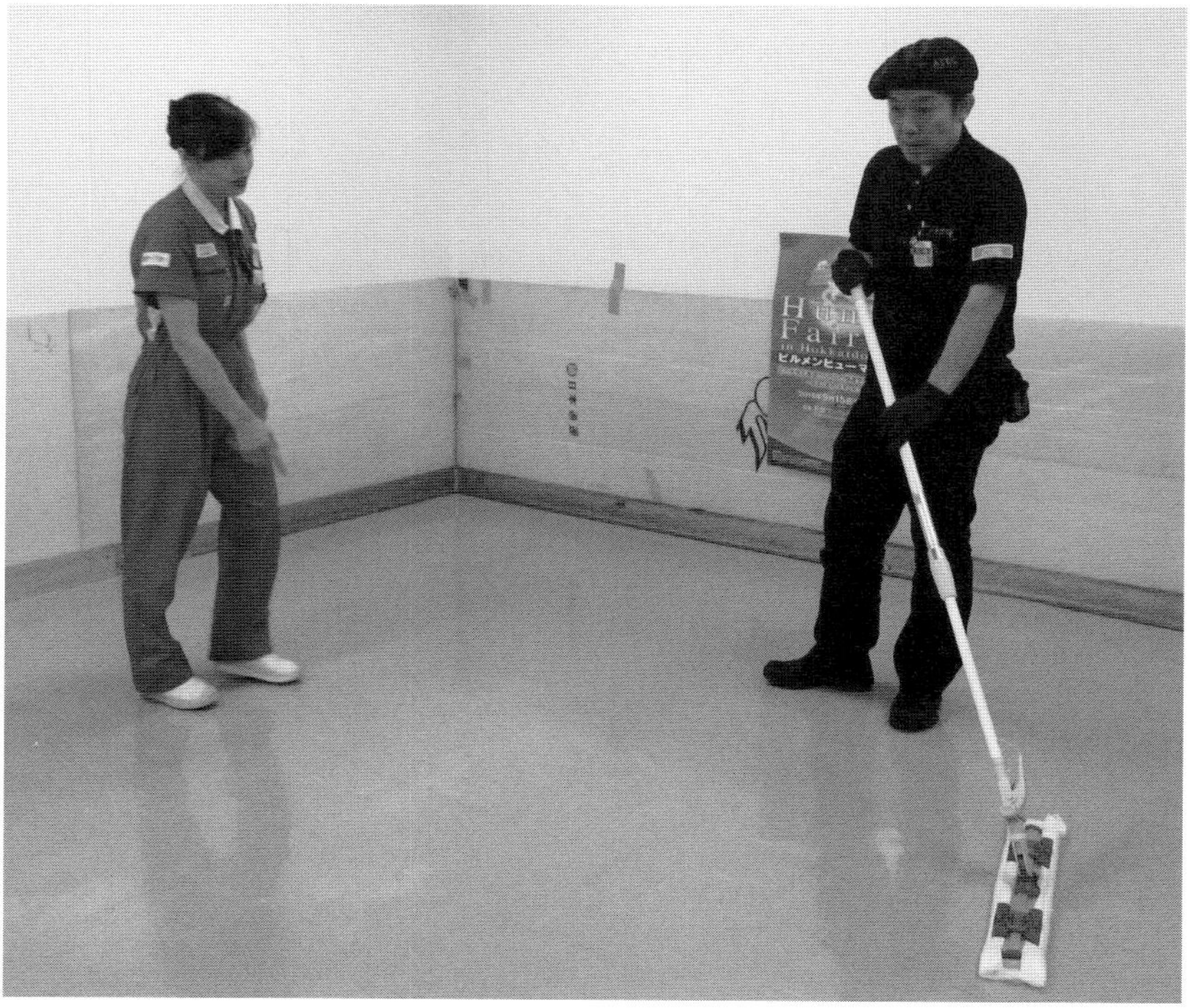

つ替《が》え用折りたたみベッドの新デザインについて、こまかい考えを話す春子《はるこ》さんを、かいま見ることになりました。

「これまでのものは、古くなってしまって、シートの目地《めじ》に入りこんだよごれを落とすのがひと苦労《くろう》だったの。強い洗剤《せんざい》でなら、ある程度《ていど》きれいになるけれど、赤ちゃんは小さくて弱いでしょ。強い洗剤は使いたくないもの。そうしたらね、新しいベッドを入れてくれることになって。そのベッドについての、わたしの意見を採用《さいよう》してくれるというのよ。肌《はだ》ざわりも、クッションも良くて、もうひとまわり大きいサイズをお願《ねが》いしたの。それから、赤ちゃんが落ちないように、数センチ、フチを高くしてほしいことと、ベッドのついている壁側《かべがわ》のほうを少し低くして、より安全性を高めたいと、提案《ていあん》したの。どれくらい通してくれるかわからないけど。……子どもは、大切だものね」

と、うれしそうに言いました。

春子さんと接《せっ》していると、弱い立場にある人、声をあげることのむずかしい人たちへの心配《こころくば》りに感心します。ターミナルを見回っている時には、前を歩くお年寄りの方や、ヨチヨチ歩きの子どもたちをさりげなく見守ります。つまずくようなものがないか、目をこらし、安全を確認してから、次の場所に向かう、というぐあいです。

清掃《せいそう》道具の開発も、春子《はるこ》さんは手がけています。

清掃は、ぴったりと合った清掃道具を選んでこそ、うまくいく、と考えているからです。道具が合えば、むだな動きをすることなく、よごれは落ちますし、その場所も傷《きず》つけることがない、との考えからです。洗面所《せんめんじょ》に設置《せっち》されている、手をかわかすエアータオルの、排水溝《はいすいこう》専用の長い清掃ブラシは、すでに商品化されて売り出されています。

いったい、いくつの顔をもっていることかと、おどろきますが、どの顔の時も、手をぬかず、笑顔《えがお》でこなす春子さんなのです。

「ほら、『笑《わら》う門《かど》には福来《ふくき》たる』って言うでしょ。笑顔《えがお》でいると、みんながうれしい気持ちになるわよね。それにね、なやんでいることがあっても、笑顔(えがお)でいると、いつの間にか心が晴れていることがあるのよね。ふしぎなんだけど」

たくさんの試練《しれん》を笑顔で乗りこえたからこその、言葉だと受け取りました。

COLUMN:2

やってみよう！ ミッション その2

『 洗面所《せんめんじょ》の鏡《かがみ》を きれいにふこう！ 』

意外《いがい》とよごれているのが、洗面所の鏡なの。

よーく、見てごらんなさい。歯みがきのときの飛びちりが、

いろんなところに、ついていたりしない？　あった？　やっぱり！

では、【ミッションその１】（P.42）でしぼったネジネジタオルに、

また登場《とうじょう》してもらいましょう。

でも、そのほかに、もう一枚、かわいたタオルも必要なので、ヨロシクね。

①ネジネジタオルをつくります。
　ただし、あまりギュギューッと
　しぼらなくてもいいよ。
　かるい、ネジネジタオルね。

②ネジネジタオルで、洗面所《せんめんじょ》の鏡《かがみ》をふきます。

タオルは親指《おやゆび》と人差《ひとさ》し指《ゆび》の間で
はさむようにしてね。
全体を大きくふきましょう。
このとき、歯みがき粉《こ》の
飛びちりなんかもふきとってね。

③次に、かわいたタオルで、
もう一度、鏡全体をふいてね。
さあ、終了！
……なんて、ウソでェーす。

ちょっと、うまくふけたと思った人、手をあげて～～？
じゃ、しゃがみこんで、鏡を下から見上げてみましょうか。
「アラ、まだ、こんなに、エ～～～」
なんてびっくりしたはずよ。
そのびっくりのところを、ていねいにふきましょう。
しゃがんで、見上げて。もう、だいじょうぶかしら？
では、立って、すこしはなれて、見てみましょうか。
ね、まだあったでしょ？
タオルのふきあとや、くもりが。
そこのところを、キュキュッとふいて、
さぁて、立って見て、しゃがんで見て、ななめから見て、
一点のくもりもなかったら、大成功！

12. いつくしみの心で

日本に帰国したころ、もし、仕事が選びほうだいで、別の仕事を選んでいたとしたら、今の春子《はるこ》さんは存在《そんざい》していないはずです。清掃《せいそう》という仕事は、選びたい仕事ではなかったのですから――。

そのことを考えるにつけ、めぐりあわせのふしぎを思わないわけにはいきません。日本語を話せるようになるまでの、少しの間の仕事のつもりだったのに、気づけば、それ無《な》くしては生きられないほど、大好きな仕事になっていたのでした。

春子さんは、よく、「主婦《しゅふ》のみなさんは、えらいと思うの。だって、家族のために、一生懸命《いっしょうけんめい》、家の中をおそうじするでしょ。おそうじの仕方《しかた》を、自分で工夫《くふう》したりもするでしょ。お給料《きゅうりょう》ももらわないのに。それにくらべると、わたしは、もうしわけないなって気持ちになるのよ。清掃《せいそう》という仕事が好きで続けているのに、お給料《きゅうりょう》をもらっているんだものね」と、言います。

そんなふうに語る春子《はるこ》さんにも、自分の家のおそうじをする、という主婦《しゅふ》の一面があります。出勤前《しゅっきんまえ》、毎日一時間かけて、自宅のおそうじをするのです。たとえ、夜間勤務《やかんきんむ》で徹夜明《てつやあ》けだったとしても、です。それが習慣《しゅうかん》になっている、ということもありますが、家に対して、その日一日のありがとうの気持ちをこめる時間なのです。

しかし、実は、羽田空港の清掃も、自分の家に対する思いと、心がまえは同じだと考えています。つまり、自分の家となんら変わることなく、羽田空港のいたるところを、愛着《あいちゃく》をもって清掃しているのです。その場所を使ってくれるお客さんの立場になって。

まさに、清掃こそが、おもてなしの心と考えているからです。

――フロアをみがく――椅子《いす》をみがく――冷水機《れいすいき》をみがく――洗面台《せんめんだい》をみがく――鏡《かがみ》をみがく――トイレをみがく――。

清潔《せいけつ》に、美しく、ピカピカにみがきあげます。お客さんが、いつでも気持ちよく、安心して使えるようにと、ただそれだけを思って、心をこめてみがくのです。

数々の仕事の中でも、とりわけ、機動班《きどうはん》の仕事は、春子《はるこ》さんをいつも熱中させてくれます。前述《ぜんじゅつ》した冷水機《れいすいき》のステンレスボールの傷《きず》も、「困《こま》ったなあ」と言いながらも、それをどのような洗剤《せんざい》で落とそうか、清掃《せいそう》道具は何を使ったらいいかと、考え出した時には、すでに心はその場所に飛んでいって、シミュレーションをくり返しているのです。そして、実際にその仕事に取りかかる時の真剣《しんけん》なまなざしは、少しこわいくらいに思えます。しかし、よごれが落ち、傷の修復《しゅうふく》を終えるころには、まるで、子どもが大好きなことに向きあっている時のようです。顔中が、パアッと輝《かがや》き、やりとげた満足感《まんぞくかん》に、ほほは紅潮《こうちょう》しているのです。

春子さんに、羽田《はねだ》の清掃チームの一番の腕《うで》の見せどころはなんでしょうと質問《しつもん》したら、「トイレの清掃です」という答えが返ってきました。

たしかに、美しいのです。羽田《はねだ》のトイレは。白い陶製《とうせい》の便器《べんき》には、一点のよごれもありません。便座《べんざ》はもちろんですが、便座をはねあげたその裏《うら》も、洗浄水《せんじょうすい》のながれる便器の中も、フチの裏も、光っています。徹底《てってい》した清掃《せいそう》のなせる技《わざ》ですが、技のかげに秘《ひ》められている心配《こころくば》りがあるからこその、美しさだと思います。清掃のあとには、トイレ専用の鏡《かがみ》を用いて、ふき残しがないか、しっかりと清掃できているか、という入念《にゅうねん》なチェックがあるからです。しかも、それだけでなく、そのトイレの美しさを、保《たも》ち続けているのです。『保ち続ける』ということは、たいへんむずかしいことです。なぜなら、使用することによって、清潔《せいけつ》はそこなわれてしまうからです。

いったい、どのようにして清潔を保ち続けているのだろうと、疑問《ぎもん》に思っていました。だから、羽田空港《はねだくうこう》に行くたびに必《かなら》ずトイレを見てまわっていたのです。

あるとき、黒いユニフォームに身をかためた清掃スタッフの存在《そんざい》に気づきました。……というより、その人たちは、いつでもそこにいたのです。そして、いつも静かに動いていました。その動きこそがヒントでした。目立《めだ》たぬように、けれど確かな清掃《せいそう》が、休みなく続いていたのです。そして、美しく清潔《せいけつ》な状態《じょうたい》を、保《たも》ち続けていたのでした。

白い陶製《とうせい》の便器《べんき》が清潔にみがかれ、照明《しょうめい》が反射《はんしゃ》してさらに白くカッチリと輝《かがや》いている光景《こうけい》を、みなさんも、どうぞ、思い浮《う》かべてください。どうですか。美しいでしょう。清掃する人たちの努力が、光をはなっているのです。

羽田空港《はねだくうこう》にかぎったことではありませんが、清掃する人たちのルールのひとつに、清掃する場所によって清掃道具を色分けする、ということがあります。羽田の場合、たとえば、フロアの清掃は、モップ類、タオル、手袋《てぶくろ》が白で統一《とういつ》されています。洗面台《せんめんだい》は、タオル、手袋、スポンジ、すべてがピンク色。トイレは、タオル、モップ類が黄色、便器用の手袋は緑色、というぐあいです。たいへん良いルールであると思います。

だいぶ以前のことになりますが、春子《はるこ》さんの提案《ていあん》で、新《あら》たに色分けされたところが羽田空港にはあります。そこは、授乳室《じゅにゅうしつ》（赤ちゃんに母乳《ぼにゅう》を飲ませる個室）

です。たいていの授乳室《じゅにゅうしつ》はトイレのすぐそばに設《もう》けられていますので、それまでは洗面台《せんめんだい》の清掃《せいそう》の色分けと同じピンク色だったのです。

「菌《きん》の多いトイレ近くと同じ色分けは、おかしい。赤ちゃんの使う部屋なのに」

春子《はるこ》さんは、鈴木《すずき》先生に色分けを願《ねが》い出ました。それ以来、授乳室の色分けは、タオルもスポンジも、すべて「青色」に決定しました。これは、授乳室専用で、決してほかの場所とまじることはありません。女性の春子さんならではの目のつけどころでした。

これまで、春子さんのことを書き続けてきましたが、仕事をする春子さんの『手』について、ふれていなかったことに気づきました。その手で、仕事を『手がける』わけですから、ふれずに過《す》ぎるのは、手ぬかりというものです。

春子さんの手は、働《はたら》く手です。厚く、がっしりと、安定感があります。その手が、スポンジをにぎり、スケーラーをにぎり、モップをにぎります。たくましいのに、繊細《せんさい》です。まるで、その手に、感情が宿《やど》っているようにさえ、思います。

ふと、「いつくしむ」という言葉が浮《う》かびました。

いつくしむ――愛するとか、大切にする、という意味があります。清掃《せいそう》という仕事へのいつくしみ。清掃する場所へのいつくしみ。そして、その場所を使う人へのいつくしみ。

握手《あくしゅ》をすると、あたたかく、ふんわりと包まれました。そんな手で、清掃をしてもらえたら、その場所は、どれだけ安心することだろうと思いました。

春子《はるこ》さんは、清掃という仕事を、「はてしなく続くよごれとの戦《たたか》い」とたとえます。しかし、だからこそおもしろいのだ、とも考えるのです。

清掃が終了したすぐあとから、よごれが始まるけれど、さて、次のよごれはどのようなぐあいか、それをどんな洗剤《せんざい》で落としてみようか、と考えて、じっくりとよごれを観察《かんさつ》して挑戦《ちょうせん》するのです。その時のワクワクする気持ちがたまらなく好きなのだと、春子さんは思っています。

厚く安定感のある手で、しっかりと手すりをふく春子《はるこ》さん。
まなざしのやさしさが印象《いんしょう》深い。

そこを使用する人に対してはもちろんですが、その場所に対しても、清掃道具《せいそう》に対しても、やさしい心をもって清掃を続ける――。これこそが、春子《はるこ》さんの清掃哲学《てつがく》です。

究《きわ》める、という言葉があります。極《きわ》めるとも書きます。

なにかを探究《たんきゅう》（ほりさげ、追究《ついきゅう》すること）して、その極み（最終のところ）に達することです。がんばり続けているうちに、どんどん引きこまれ、おもしろさを知り、ついに、究め、極めた春子さん。そんな彼女の、わたしの中に深くひびいた言葉を、最後に記《しる》したいと思います。

よごれに挑戦《ちょうせん》する。ワクワクする。
よごれが落ちて、ピカピカに光る。
喜びと、達成感に、満たされる。

だって、わたしは、
清掃《せいそう》という仕事が、大好きなのだから！

あとがきにかえて

――取材《しゅざい》こぼれ話――

あるとき、春子《はるこ》さんに、ダスタークロスでの清掃《せいそう》の仕方《しかた》を教わりました。ダスタークロスは、白い不織布《ふしょくふ》を、細長い板状《いたじょう》のヘッドに取りつけて使用する清掃道具です。ずいぶん前から、小型のものが、家庭用として出回っているので、みなさんにも、なじみがあるはずです。

「8の字の動きよ。その動きが大事《だいじ》なの。主婦《しゅふ》の方たちは、どんどん前に動かしておそうじするでしょ。でも、そういうふうにすると、ゴミやホコリを前に集めるだけなの。ゴミを取らないで、そこに置きざりにするというか……。だけど、8の字の動きはちがうのね。8のカーブのときに、ゴミやホコリをまとめ、しかも散《ち》らすことなく、からめ取ってくれるのよ。わたしたちプロは、8の字に動かしながら、ゴミを包みこんで前に進むのよ。どうぞ、やってみて」

ポールを手にすると、その重みにおどろきました。しかも、ダスタークロスのヘッドの長さは家庭用の三倍はあります。両手にもち、肩《かた》とひじを使って、大きな8の字に動かしてみました。ふり回されるような感じです。これは、たいへんな労働《ろうどう》でした。

清掃《せいそう》チームのあつかっている道具の中で、ダスタークロスが一番身近《みぢか》に思われたのですが、床《ゆか》をひとふきしただけで、腰《こし》、ひじ、肩、二の腕《うで》、手首に、相当《そうとう》な負担《ふたん》がかかることを、実感しました。しかし、『おそうじ好き』をアピールしているてまえ、ここはひとつ、がんばらなければ！　と思いました。腰を入れて、両足をふんばりつつ、ダスタークロスをあやつります。やわらかな8の字を、頭の中に思いえがきながら、くり返しました。

「じょうず！　すごい、すごい。これ、一回で、できる人は少ないよ」

あら、春子《はるこ》さんたら……。おだてにはからきし弱いわたしです。思わず、弟子入《でし》り志願《しがん》をしそうになりました。

八回、春子《はるこ》さんに会いに、羽田空港《はねだくうこう》に通ったでしょうか。四時間から、長いときは八時間、密着《みっちゃく》していましたから、さぞ、うっとうしかったと思います。

会って話を聞くたび、ずっと年下の春子さんから教わることばかりの日々でした。

あるとき、「去年のことは去年のことなの」と、ふと、春子さんがつぶやきました。その日の取材《しゅざい》を終えて、バスターミナルに向かおうとしている時だったと思います。

「それは、どんな意味？」

歩調《ほちょう》をゆるめて、問い返しますと、

「あのね、いつも進化することが大事《だいじ》なの、わたしには。去年、何かをやったとしても、では今年は、と聞かれたときに答えられることが無《な》いのではいけないと考えているのよ。だから、ビルクリーニングの全国大会で優勝《ゆうしょう》したということも、それはその時の結果なのね。今のことではないのよ。過去《かこ》のことなの。わたし、毎年、取れる時には、ひとつかふたつの資格《しかく》に挑戦《ちょうせん》して、取得《しゅとく》することにしているの」

晴れやかな表情で答えました。

つまり、いつも目標をもち、それに向かって努力を重ね、挑戦を続けているということです。

しかし、春子《はるこ》さんのように目標を決めて、それに向かって突《つ》き進むという人だけではありません。たとえ、目標をかかげたとしても、途中《とちゅう》でくじけたり、投げだしたりする人だって多くいます。

「それは、きっと、好きなことじゃないからだと思う。得意《とくい》なこと、これだけはずっとやっていてもあきない、というものを見つけることが大事《だいじ》なのではないかしら。それが、わたしには清掃《せいそう》だったのだけど……。生きていると、たしかに、ものごとがうまく運ばないことって、あるわね。そんなときは、ひとりでなやまないで、お友だちや、まわりの人と話をすることがいいと思うの。ひとりで考えるって、限度《げんど》があるわよ」

と言います。これは、少し意外な言葉でした。春子さんほどの人でも、まわりの人に相談《そうだん》したということを聞いて、ちょっと、心が軽くなったのを覚《おぼ》えています。

旅行者であふれる旅客《りょかく》ターミナルを羽田空港《はねだくうこう》の表側と考えるなら、スチールの重いドアでしきられた裏側《うらがわ》に、職員の人たちのスペースが広がっていました。長い廊《ろう》下《か》が縦横《じゅうおう》に走り、多くの人たちが行き交《か》います。曲《ま》がり角では、すれちがうときに衝突《しょうとつ》がおこりそうなほどですが、みんなスムースに歩いているのです。ぶつかりそうで身がまえているのはわたしだけのようで、ふしぎでしたが、ふと視線《しせん》をあげた時、ナゾがとけました。曲がり角の天井《てんじょう》部分には、カーブミラーが設置《せっち》されているのでした。

「あっ、あんなところに、カーブミラーが！」

いちいちおどろくわたしを、春子《はるこ》さんはおもしろがりました。

「シャショクで、お昼、どうですか」

まだ、会って間もないころ、春子さんが言いました。『シャショク』が『社食』

で、社員食堂の意味だとさとるまで、数秒かかったのを思い出します。

「えっ、いいの？　うれしいなぁ」

きっと、わたしは、ハート形の目をしたにちがいありません。

社食には、羽田空港《はねだくうこう》で働《はたら》くいろんな職種《しょくしゅ》の人たちが集まってきます。レストランで働く人も食事に来ていましたし、パイロットやキャビンアテンダント、飛行機の整備士《せいびし》たちも来ていました。昼食をとりながら、仕事の話を続けている人たちもいましたし、にぎやかな笑《わら》い声をあげている人たちもいました。いずれにしろ、羽田空港で働く人たちの、昼休みのくつろぎタイムに、ここで働く人のようなふりをして、おじゃましたのでした。

それ以来、長くのびる廊下《ろうか》をいくども春子《はるこ》さんと、社食めざして歩きました。歩けども歩けども、たどりつけないくらいに遠いイメージがあります。羽田空港の裏《うら》側《がわ》は、迷路《めいろ》のようでした。

羽田空港は、第一ターミナルだけでも、二九万平方《へいほう》メートルという広さがあります。ただでさえ、方向オンチのわたしは、待ち合わせの場所が前回と異《こと》なるたびに、ウロウロと迷《まよ》ってばかりいたのでした。それを知った春子《はるこ》さんは、取材《しゅざい》を終えて帰る時に、わたしに付き添《そ》うようにして、ターミナルを案内してくれるようになりました。

北ウィングの目印《めじるし》は月であり、南ウィングの目印は太陽であること。そのほかに、フロアに何基《き》か立つ時計塔《とけいとう》の上の番号も、大きい数字は北、小さい数字は南を示《しめ》していること。インフォメーションの場所、リムジンバスのチケット売り場の場所、トイレはどこか、エスカレーター、エレベーターはどこか、こと細かに教えてくれました。

春子さんの教え方には、よく知っている場所を説明《せつめい》する人にありがちな、省略《しょうりゃく》がありませんでした。その場所を知らないわたしの立場になって、説明してくれるのが伝わってきました。まちがいやすい所は、二度、三度と付き添ってくれました。忘《わす》れられないことのひとつです。

あるとき、困《こま》っている年配《ねんぱい》のご婦人《ふじん》を案内しているわたしがいました。自分でもおどろいたことを思い出します。春子《はるこ》さんのやさしさのおかげです。

春子さんの取材《しゅざい》は夏でした。エアコンのきいたターミナルから外へ出る機会がたびたびありました。日盛《ひざか》りに陽炎《かげろう》がゆらめいていましたが、羽田《はねだ》には、思いがけないほどに、さわやかな風が吹《ふ》きました。しかも、海の香《かおり》をふくんだ風が——。東京湾から渡ってくる風でした。東京という大都市《だいとし》にある、日本一広い空港《くうこう》が、海風に包まれる……。そんなことも、旅行で訪《おとず》れるだけだったら知らなかったことでした。

羽田空港のはたす役割《やくわり》は、今後ますます広がっていくのでしょう。清掃《せいそう》を引き受ける春子さんたちの働《はたら》きにも、さらにみがきがかかるはずです。

「わたしは、これからも羽田の清掃を続けるつもりです。

若い人たちに、どんどん清掃に入って来てもらいたいですね。

待っていますよ！」

春子さんは、すばらしい笑顔《えがお》で、言い切りました。

最後になりましたが、日本空港《にほんくうこう》テクノ株式会社のみなさま、羽田空港《はねだくうこう》の清掃《せいそう》チームのみなさま、お世話《せわ》になりました。お仕事中におじゃましたにもかかわらず、どなたにも自然な笑顔《えがお》で接《せっ》していただきました。カメラとレコーダーを手に、ひとりきりでフラリと空港を訪《おとず》れるわたしを、どの方も気にかけてくださっていたと、あとでうかがいました。そんなやさしいみなさまのおかげで、いい取材《しゅざい》ができたと思っています。心よりお礼を申し上げます。

また、最初から最後まで、いろいろとお心遣《こころづか》いをしていただきました生沼深志《おいぬましんじ》氏、生徒役をしてくださった大賀康之《おおがやすゆき》氏のおふたりに、深い感謝《かんしゃ》を申し上げます。

そして、春子《はるこ》さん。

あなたとの出会いは、たいへん貴重《きちょう》なものでした。これまで知ることのなかった世界を、かいま見ることができたばかりか、わたしは、自然になじんでいました。それは、目を配《くば》り心を配りながら、わたしを受け入れてくださった、あなたの存在《そんざい》あればこそでした。

あなたのやさしさを忘《わす》れません。本当に、ありがとうございました。

この本が、多くの人たちの共感《きょうかん》を得《え》ることを祈《いの》ります。そして、清掃《せいそう》する人たちがもっと注目《ちゅうもく》されるようにと願《ねが》っています。それこそが、春子《はるこ》さんへのお礼になるのではないかと思っているのです。

末筆《まっぴつ》になりましたが、岩崎書店《いわさきしょてん》のみなさまに感謝《かんしゃ》申し上げます。すばらしい本にしてくださり、ありがとうございました。

二〇一六年　早春　若月としこ

著者《ちょしゃ》、春子さんと羽田空港《はねだくうこう》にて。

若月としこ（わかつき としこ）

岩手県出身。ひつじ年生まれ。「旅猫物語」シリーズ（全3巻・岩崎書店）でデビュー。物語ることの上手な父と一緒に空飛ぶじゅうたんに乗り、はるかモスクの上空を飛んだ幼い日々が創作の原点。本作は著者初のノンフィクション。横浜市在住。

ノンフィクション・生きるチカラ 22

新津春子。
世界一のおそうじマイスター！

2016年4月30日　第1刷発行
2016年5月31日　第2刷発行
著　者　若月としこ
発行者　岩崎弘明
発行所　株式会社 岩崎書店
〒112-0005　東京都文京区水道1-9-2
電話　03-3812-9131（営業）　03-3813-5526（編集）
00170-5-96822（振替）
印刷所　三美印刷株式会社
製本所　株式会社若林製本工場
装　丁　山田 武
撮　影　宮本英樹（カバーほか）
カット　杉原孝幸（コラム）

協　力　日本空港ビルデング株式会社
日本空港テクノ株式会社

NDC 916　ISBN978-4-265-08310-7

ご意見、ご感想をお寄せ下さい。 E-mail: hiroba@iwasakishoten.co.jp
岩崎書店HP: http://www.iwasakishoten.co.jp
落丁、乱丁本はおとりかえいたします。